Wolf · Gutenachtgeschichten

Klaus-Peter Wolf

GUTENACHT
Geschichten

Zeichnungen von Petra Probst

Loewe

Die Deutsche Bibliothek – CIP-Einheitsaufnahme

Wolf, Klaus-Peter:
Gutenachtgeschichten/Klaus-Peter Wolf.
Zeichnungen von Petra Probst.
2. Aufl. – Bindlach: Loewe, 1993
ISBN 3-7855-2454-4

ISBN 3-7855-2454-4 – 2. Auflage 1993

Umschlagillustration: Petra Probst
Umschlaggestaltung: Karin Roder
Satz: Teamsatz, Neudrossenfeld

Inhalt

Das Nachtgespenst

Schröders neuer Wohnwagen ist gar nicht neu, sondern gebraucht. Aber so gut wie neu, betont Vater Schröder.

Herr Schröder wird von seiner Frau Agnes Knuddelbär genannt, das heißt, nur wenn kein Fremder dabei ist. Atze, sein Sohn, nennt ihn Brummbär, Nasenbär oder Schnarchbär.

Atzes kleiner Bruder Björn sagte früher nur „... är“ zu seinem Papa. Später dann „... uschelbär“. Heute kann er richtig Kuschelbär sagen.

Björn ist Papas Liebling. Seit Björns Geburt ist Atze nur noch die Hälfte wert, findet Atze.

Nasenbär liest ihm keine Geschichten mehr vor. Atze darf nur noch „mit“ zuhören, wenn Schnarchbär eine Geschichte für Kleine vorliest. Wenn Atze eine von seinen Geschichten hören will, sagt Nasenbär: „Du bist doch schon groß! Du kannst selbst lesen.“

In Björns Büchern wimmelt es von sprechenden Tieren, schönen Feen, Prinzessin-

nen, lebendigen Kuscheltieren und strickenden Großmüttern. Alle paar Kapitel sagt einer entweder das Abc auf oder zählt bis zehn.

Früher fand Atze solche Geschichten toll. Heute findet er sie nur noch ätzend. Er liest jetzt lieber Stories, in denen Mörder vorkommen, Monster oder wenigstens Indianer.

Björn mag solche Bücher gar nicht.

Manchmal, wenn Atze Björn erschrecken will, liest er ihm aus seinem gruseligsten Roman vor. Dann hält Björn sich die Ohren zu, drückt sein Gesicht tief in sein Schmusekissen und fürchtet sich.

Es reicht schon, wenn Atze droht: „Soll ich dir vorlesen?" Entweder rennt Björn weg, oder er fängt an zu heulen.

Inzwischen hat Björn ein eigenes Zimmer. Jetzt kann Atze ihn nicht mehr mit gruseligen Gutenachtgeschichten erschrecken.

Heute schlafen sie aber wieder nebeneinander. Im neuen Wohnwagen nämlich.

Bis eben mußte Atze sich eine dieser niedlichen kleinen Geschichten mit lauter sprechenden Tieren anhören, denn Knuddelbär las mal wieder Gutenachtgeschichten vor.

Jetzt schläft Björn. Er nuckelt dabei am Daumen und am Zipfel seines Schmusekissens. Björn muß dieses Kissen überallhin mitnehmen, denn andere Kissen schmecken ihm nicht. Von Oma mußte Mama ihn mal nachts abholen, weil er sein Schmusekissen vergessen hatte und Omis Kissen nicht mochte. Natürlich hatte er

Bauchschmerzen vorgetäuscht. Aber Atze wußte Bescheid. Es lag an den Kissenbezügen.

Für heute hat Atze sich eine besondere Gemeinheit einfallen lassen. Langsam, ganz langsam zieht er dem schlafenden Björn den Zipfel seines Kissens aus dem Mund.

Atze hat eine Tüte Brausepulver mit in seinen Schlafsack genommen. Zitrone, denn Zitrone findet Björn ekelhaft. Gerade will Atze das Pulver auf die angelutschte Kissenfalte streuen, da klopft es an der Wohnwagentür.

Schnarchbär legt seinen Roman aus der Hand, zwängt sich hinter dem Tisch hervor und öffnet.

Vor der Tür steht Willibald – gut gelaunt und etwas zu laut. „Mensch, kommt doch rüber! Der Jupp hat Geburtstag. Es wird gefeiert. Eine richtig deftige Grillparty!"

Au ja, denkt Atze, astrein. Besser eine Grillparty als neben Björn im Bett liegen.

Aber Atze hat Pech. Weil Björn schon schläft und von dem langen Tag müde ist, erklärt Nasenbär, darf er nicht mit. Er soll weiterschlafen.

„Ja, ist doch prima!" Atze lacht. „Lassen wir den Quälgeist schlafen, und ich geh' mit euch!"

Aber jetzt widerspricht Mutter Agnes. „Nein. Wenn Björn wach wird und keiner da ist, bekommt er Angst. Er kennt sich hier auf dem Campingplatz noch nicht aus. Du bleibst bei ihm. Du darfst aber gerne noch etwas lesen."

Atze verzieht den Mund und guckt in seinen Gruselkrimi.

„Leise", fügt Mutter Agnes hinzu. „Lies, was du willst, aber tu es ganz leise, damit Björn keine schlimmen Träume bekommt."

Björn! Björn! Immer nur Björn!

Schon sind die Eltern weg.

Wenn Björn wach wird und keiner da ist, bekommt er Angst.

Der Satz hallt in Atzes Kopf hin und her wie ein Echo in den Bergen. Leise kriecht Atze aus seinem Schlafsack und zieht sich an. Er bewaffnet sich mit Taschenlampe, Feuerzeug und Kerzen, und dann streut er

das Brausepulver auf Björns Kopfkissenzipfel.

Wenn Björn wach wird, stopft er sich das saure Zeug sofort in den Mund. Da ist Atze sich ganz sicher.

Dann schleicht Atze aus dem Wohnwagen. Draußen ist es stockfinster.

Björn schläft noch immer, doch seine rechte Hand tastet unruhig nach dem Kopfkissenende. Seine Lippen nuckeln ins Leere. Björn liegt zusammengerollt wie ein Fragezeichen. Neben seinem Kopf ist das große Fenster. Atze klopft von draußen dagegen und macht: „Buuhhh! Buuuhhh! Hier kommt das unheimliche Nachtgespenst! Buhhh! Buuuhhh!“

Dann leuchtet Atze mit der Taschenlampe von draußen herein und klopft noch lauter.

Björn ist schon beim ersten „Buuhhh!" wach geworden. Ängstlich sucht er Schutz bei seinem Bruder. „Atze! Atze! Da ist ein Gespenst!"

Aber Björn muß erkennen, daß Atze nicht neben ihm liegt. Wo ist er? Hat das Gespenst ihn schon geholt?

Draußen grinst Atze und macht weiter. „Buuhhh! Hier kommt das unheimliche Nachtgespenst mit dem Stinkefuß!"

Björn springt hoch und rennt in den anderen Teil des Wohnwagens. Dort vermutet er seine Eltern. Doch auch sie sind nicht da.

Jetzt kreischt Björn los. „Hilfe! Atze! Mama! Papa! Atze!" Dabei schüttelt er sich, so, als könne er dadurch das Gespenst verscheuchen.

Komisch, denkt Atze draußen. Ich hätte nie gedacht, daß er mich ruft. Klar, den

Nasenbären und auch Mama. Aber gerade hat er mich um Hilfe gerufen. Mich. Atze. Seinen großen Bruder.

Wieder leuchtet Atze mit der Taschenlampe in den Raum. Genau in das Gesicht seines Bruders.

„Hau ab, Gespenst! Mein großer Bruder kommt gleich! Dann kannst du was erleben! Der macht Fischstäbchen aus dir! AAAAAaaatzeeeee!"

Laut ruft Atze: „Was ist denn los? Ah, ein Gespenst! Hab keine Angst, Björn! Ich komme! Ich bin's, dein großer Bruder Atze!"

Irgendwie sieht Björn für Atze plötzlich anders aus. Nicht nur, weil er Angst hat und schreit. Nein, da ist noch etwas anderes. Atze spürt ein warmes Gefühl in sich. So etwas wie Freude darüber, einen kleinen Bruder zu haben, und eine irre Wut auf das Gespenst! Niemand hat das Recht, seinem kleinen Bruder solche Angst einzujagen. Wenn das einer wagt, kriegt er es aber mit Atze zu tun!

Ach so, ich bin es ja selbst, denkt Atze erschrocken. Na, dann kriege ich es wohl gleich mit mir selber zu tun.

„Da! Und da! Und noch einen Tritt!" brüllt Björn. „Gib es ihm, Atze! Mach es fertig! Du schaffst es! Du bist der Größte!" feuert Björn seinen Bruder an, ohne ihn zu sehen.

Als Atze in den Wohnwagen zurückkommt, hat er das Lächeln eines strahlenden Siegers im Gesicht. Björn fliegt geradezu in seine Arme. Die beiden drücken sich wie lange nicht mehr.

Aber jetzt hat Atze Angst, daß Björn gleich an seinem Kissen lutscht und dann die schäumende Zitronenbrause schmeckt.

Atze glaubt, daß Björn dann sofort alles weiß. Das will er verhindern. Er möchte lieber der Freund und Beschützer seines Bruders sein. Nicht der Angstmacher.

„Ich hab' dich ganz, ganz lieb!" sagt Björn, und es klingt ernst. Zu gern möchte Björn seinem Bruder jetzt etwas Gutes tun. Er möchte mit einem kleinen Geschenk danke sagen.

Zur Belohnung für die Rettung vor dem Gespenst läßt Björn seinen großen Bruder auch einmal an seinem Kissen nuckeln.

Atze tut es voller Hingabe. Er saugt richtig feste daran, obwohl er früher oft behauptet hatte: „Iih, das schmeckt ja furchtbar, da kannst du ja gleich eine alte Socke auslutschen." Aber probiert hatte er es noch nie.

„Na, wie schmeckt es?" fragt Björn.

„Hm, toll ...", antwortet Atze. Dabei verzieht er seinen Mund ganz merkwürdig, als hätte er in eine Zitrone gebissen.

„Besser, wir legen uns wieder hin. Wenn die Eltern kommen, sollten wir schlafen."

„Wo sind die denn?"

„Ach, auf einer Grillparty am anderen Ende vom Campingplatz."

„Und wo warst du, als das Gespenst kam?"

„Ich äh ... Ich mußte mal aufs Klo."

„Aber wir haben doch eine Toilette im Wohnwagen."

„Stimmt. Ich hatte es nur vergessen."

Um nicht weiter ausgefragt zu werden, schlägt Atze vor: „Soll ich dir vorlesen?"

„Ja! Ja, bitte!" freut sich Björn. Aber dann sieht er seinen Bruder kritisch an. „Ach nein. Besser doch nicht."

Atze versteht. Schnell nimmt er eins von Björns Büchern. „Keine Angst. Ich lese aus deinem Buch vor. Willst du?"

Björn kuschelt sich schon in den Schlafsack und steckt Daumen und Kopfkissenende in den Mund. Trotzdem sagt er: „In dem Buch gibt es keine Monster und auch keine Toten."

„Ich weiß", sagt Atze und beginnt zu lesen.

Als dann Björn längst schon neben ihm tief schläft, liest Atze noch weiter. So ätzend findet er es nämlich gar nicht mehr.

Morgens erzählt Björn den Eltern von dem Gespenst, das Atze vertrieben hat. Kritisch sieht die Mutter Atze an: „Du hast wohl wieder Gespenstergeschichten vorgelesen, um Björn angst zu machen, was?"

Diesmal verteidigt Björn seinen Bruder: „Nein, Mama. Bestimmt nicht. Er hat mir aus meinen Teddygeschichten vorgelesen."

Ungläubig sieht Mutter Agnes erst Björn an und dann Atze. Sie wundert sich. Die beiden sind sich so merkwürdig einig heute. Als hätten sie erst gestern bemerkt, daß sie Geschwister sind.

Prinz Milchzahn und die Zahnbürste

Es war einmal ein putziger kleiner Milchzahn.

Ach, was sage ich?

Er war nicht nur putzig und klein. Nein, er war geradezu der König aller Milchzähne!

Nun, vielleicht war er nicht der König aller Milchzähne auf Erden. Aber der König aller Milchzähne in Peters Mund war er bestimmt.

Na ja gut – für einen König war er vielleicht noch ein bißchen zu klein. Nennen wir ihn einfach Prinz Milchzahn. Prinz Milchzahn der Erste.

Eines Abends verliebte sich Prinz Milchzahn der Erste. Ja. Es geschah im Badezimmer, kurz bevor Peter ins Bett gehen wollte.

Eine niedliche lila Zahnbürste kam in Peters Mund zu Besuch. Sie roch gut. Nach Pfefferminz. Fast wie Kaugummi.

Sie schäumte vor Freude, als sie die Milchzähne sah. Auch die Milchzähne freuten sich über den Besuch, denn die lila Bürste war weich und streichelte schön sanft das Zahnfleisch.

„Komm zu mir!" rief Prinz Milchzahn der Erste. „Komm her, du Schöne!"

Aber die lila Zahnbürste kuschelte sich nur an die vorlauten Schneidezähne und kümmerte sich gar nicht um Prinz Milchzahn den Ersten, denn er war zwar ein putziges kleines Kerlchen, aber er saß ziemlich versteckt hinten in den Backen.

„O ja! Prima! Das tut gut!" lachte Boris Bissig, der vorwitzige Schneidezahn.

„Herrlich erfrischend, dieses Pfefferminz! Mach weiter!" quietschte Ludwig Loch.

„Ja, hör nicht auf, kratz mir noch ein bißchen den Rücken!" kicherte Ecki Eckzahn mit dem Karamelmantel.

„Wo ist die alte Zahnbürste geblieben?" maulte Rainer Ruine, der Durchlöcherte.

„Die kommt nicht mehr. Peter hat sie in seinen Malkasten gelegt, zu den Pinseln", antwortete die lila Zahnbürste.

„Haha!“ grinste Ecki Eckzahn. „Das gönne ich der blöden Ziege. Die war immer so kratzig. Nicht so zärtlich wie du!“

„Jetzt malt Peter mit ihr das Meer und den Himmel. Alle großen Flächen, weil das schneller geht. Hoffentlich ende ich nicht auch eines Tages in seinem Malkasten!“ seufzte die Zahnbürste.

„Bestimmt nicht!“ antworteten alle Zähne im Chor.

„Warum nicht? Wenn ich abgenutzt bin und die Haare verliere...“

„Das wird nicht passieren!“ erklärte Rainer Ruine. „Peter putzt sich die Zähne nicht so oft, daß du Haarausfall kriegen könntest.“

„Stimmt“, sagte Ludwig Loch, „es wird Wochen dauern, bis wir uns wiedersehen.“

Plötzlich ließ Peter die neue lila Bürste ungestüm rauf- und runtersausen. (Solche Anfälle kriegt Peter nicht oft. Meist nur, wenn die Mutter ins Badezimmer kommt und ihm zusieht.)

Prinz Milchzahn der Erste rief jetzt, so laut er konnte: „Komm auch zu mir, du Schöne! Vergiß mich nicht!“

Und tatsächlich: Mit einem blitzschnellen Vorstoß in den Backenraum schoß die lila Bürste heran. Schon schäumte sie Prinz Milchzahn den Ersten ein und liebkoste ihn voller Sanftmut.

Vor Glück halb ohnmächtig, hauchte der Prinz durch den Pfefferminzschaum: „Ich... Ich... Ich glaube, ich liebe dich.“

Da hielt die niedliche neue Zahnbürste inne, als müßte sie das Gehörte erst einmal verdauen. Langsam zog Peter die Bürste aus dem Mund zurück.

„Och nein! Bleib noch! Bitte geh noch nicht!“ klagte Ecki Eckzahn.

„Mensch, Peter! Du gönnst uns auch gar nichts!“ schimpfte Rainer Ruine, der Durchlöcherte.

„Aber wir sollen den ganzen Tag für dich arbeiten! Blödmann! Wenn das so weitergeht, streiken wir!“ maulte Ludwig Loch.

In dem allgemeinen Genörgele ging der letzte Satz der Zahnbürste unter. Sie rief, während sie schon durch Peters Lippen verschwand: „Ich liebe dich auch, du wunderschöner Milchzahn!“

Ja, so etwas gibt es. Es war Liebe auf den ersten Blick.

„Habt ihr das gehört?“ fragte Prinz Milchzahn der Erste seine Nachbarn. „Habt ihr das gehört? Sie liebt mich auch. Ist das nicht großartig? Ich könnte vor Glück aus dem Zahnfleisch springen!"

Aber dann kam für die Liebenden eine lange, quälende Zeit. Sie konnten zwar voneinander träumen, aber sie sahen sich nicht.

Ja, wenn sie Menschen gewesen wären, hätten sie sich Briefe schreiben können, Telegramme schicken oder durchs Telefon flüstern. Aber so? Was sollten sie tun? Schließlich waren sie keine Menschen, sondern nur ein verliebter Milchzahn und eine verknallte lila Zahnbürste.

Voller Sehnsucht fieberten sie einem neuen Treffen entgegen.

„Mit meinen besten Borsten werde ich meinen Liebsten liebkosen und ihn sorgfältig von allem Schmutz befreien", schwor sich die Zahnbürste. Schließlich wollte sie, daß ihr der Geliebte noch lange erhalten blieb. Auf keinen Fall sollte er so werden wie Rainer Ruine oder Ludwig Loch.

Aber leider hatte Peter nur wenig Verständnis für die Liebenden. Er fand Mädchen blöd und Liebe doof. Vom Zähneputzen hielt er genauso wenig.

Wen wundert es also, daß Peter die schöne neue lila Zahnbürste einfach in den tiefsten Tiefen des dunklen Wäschekorbs versteckte.

Wenn seine Mutter ihn aufforderte, sich die Zähne gründlich zu putzen, sagte er jedesmal: „Klar, Mama. Mach' ich."

Jedesmal wenn er das hörte, schöpfte Prinz Milchzahn der Erste neue Hoffnung. Doch immer wieder wurde er enttäuscht. Da wurde er vor lauter Liebesleid ganz krank und wacklig.

Eines Tages war Prinz Milchzahn der Erste das endlose Warten leid. Vor Kummer fiel er aus. Und so endet diese Liebesgeschichte dennoch glücklich.

Warum glücklich???

Nun, weil Peters Mutter die lila Zahnbürste nach einiger Zeit unter der Wäsche fand. Die Borsten waren struppig und voller Fussel.

Da warf Mutter die Bürste in den Abfalleimer. Und dort trafen sich die Liebenden wieder!

Zwischen Bonbonpapier und leeren Konservendosen fühlten sie sich schließlich wohler als in Peters Mund.

Annettes Geburtstagsgeschenk

Annettes größter Wunsch geht an ihrem Geburtstag in Erfüllung. Sie bekommt einen Wellensittich.

Ausgerechnet von Tante Frieda.

Eigentlich kann Annette Tante Frieda gar nicht so gut leiden, denn Tante Frieda benutzt Parfüm, von dem Annette immer niesen muß. Aber heute küßt Annette ihre Tante Frieda trotzdem.

Der Wellensittich ist klein. Er hat noch nicht einmal einen Namen. Verängstigt sitzt er in der Ecke seines goldenen Käfigs. Er hat flusige blaue Federn mit weißen Rändern. Am Kopf hat er ein paar gelbe Federn, und die Schwanzspitze ist zart rot.

Annette kümmert sich kaum um die anderen Geschenke. Auch nicht um die Gäste. Der Wellensittich ist ihr wichtiger.

Alle Gäste sind Verwandte. Kein einziges Kind ist dabei. Onkel Heinz ist mit fünfundzwanzig Jahren der Jüngste. Alle sitzen um den gedeckten Kaffeetisch und bestaunen die zwei Torten. Eine ist mit Obst belegt. Mit Erdbeeren und Ananas. Die andere, die auf der hohen Tortenplatte, ist Mutters berühmte Mokka-Buttercreme-Torte.

Annette mag Buttercreme sowieso nicht.

Sie trägt ihren Vogel vorsichtig in ihr Zimmer und stellt den Käfig auf die Fensterbank.

Dann spricht Annette mit ihrem Wellensittich. „He, du brauchst keine Angst vor mir zu haben. Ich tu' dir nichts Böses. Ich will deine Freundin sein. Ich heiße Annette."

„... nette?" krächzt der Wellensittich leise.

„Aaaaanette. Und du sollst Pipo heißen. Ich taufe dich hiermit feierlich auf den Namen Pipo."

Pipo sieht Annette gar nicht an. Er schaut durchs Fenster nach draußen. Dort im Baum zanken sich Spatzen.

Annette öffnet das Fenster, damit Pipo besser hören kann, was sie zu sagen haben. Vielleicht, denkt Annette, verstehen Wellensittiche ja die Sprache der Spatzen.

Aufgeregt hört Pipo ihnen zu. Er antwortet auch einmal mit einem lauten Geschnatter.

Die Tür zu Annettes Zimmer wird aufgestoßen. Mutter guckt herein. Hinter ihr lugt Tante Frieda ins Zimmer. „Sei schön vorsichtig mit deinem Vogel. Laß ihn nicht aus dem Käfig! Er fliegt sonst weg. Der muß sich erst an dich gewöhnen."

„Jaja, Mama", antwortet Annette gelangweilt. „Keine Sorge. Ich pass' schon auf."

„Gefällt dir dein neuer Vogel, Annette?" fragt Tante Frieda.

„Ja", sagt Annette brav. „Sehr."

Aber es klingt gar nicht mehr so begeistert wie am Anfang, denn inzwischen hat Annette das mindestens schon hundertmal gesagt. Tante Frieda ist selbst so begeistert von ihrem Geschenk, daß sie gar nicht oft genug hören kann, wie gut es Annette gefällt.

Sonst hat sie Annette immer irgend etwas völlig Unbrauchbares geschenkt. Aber diesmal lag sie goldrichtig. Schon duftet Annettes Zimmer nach Tante Friedas schlimmem Parfüm, da zieht sie sich endlich mit Mutter zu den anderen Gästen zurück.

Annette steckt einen Finger durch die Gitterstäbe in den Käfig, um Pipos Flügel zu berühren. Dabei sagt sie immer wieder leise seinen Namen: „Pipo. Pipo. Pipo. Pipo. Pipo. Pipo. Pipo."

Kaum kitzeln Pipos Federn Annettes Fingerkuppen, da hüpft er ängstlich ein Stückchen zurück. Annette kann ihn jetzt mit dem Finger nicht mehr erreichen. „Aber Pipo, du brauchst dich wirklich nicht zu fürchten."

Während Annette spricht, öffnet sie die Käfigtür und kann so ihre ganze Hand in den Käfig schieben. Langsam nähert sie sich Pipo. Sie möchte ihn so gern streicheln. „Ich tue dir ganz bestimmt nichts. Ich werde dich füttern, dir Wasser geben, deinen Käfig saubermachen und mit dir spielen. Ich heiße Annette ..."

„... nette?" krächzt Pipo wieder, und es klingt wie eine Frage.

„Aaaanette. Aber du heißt Pipo. Sag mal Pipo." Pipo sieht Annette an. Plötzlich mutig geworden, läßt er sich von ihr streicheln, ja, er kuschelt sogar seine Federn an ihren Finger und reibt seinen Schnabel an ihrem Fingernagel.

„Pipo. Du heißt Pipo."

„Pipi?" krächzt Pipo.

Annette freut sich. Ihr Vogel lernt schnell. „Nein. Nicht Pipi. Pipo. Pipo heißt du."

„Popo?"

„Nein! Auch nicht Popo. Pipo. Pipo."

Er hebt den Kopf, nickt eigenwillig und pickt dann mit seinem Schnabel in Annettes Finger.

„Au!" schreit sie und zieht den Finger schnell zurück. Es tut nicht schlimm weh. Aber Annette steckt sich den Finger trotzdem in den Mund und nuckelt daran. Das macht sie immer so, wenn sie sich in den Finger piekst.

Gerade will sie mit Pipo schimpfen, da ist

er mit zwei Flügelschlägen bei der geöffneten Käfigtür. Er flattert hinaus. Schon sitzt er auf seinem Käfig statt darin.

„Pipo! Pipo! Komm sofort her! Pipo! Ich warne dich! Wir kriegen bestimmt Ärger mit Mama und Tante Frieda, wenn du nicht sofort ... Pipo!“

„Pipi! Pipi!“ antwortet Pipo und fliegt eine Runde durch Annettes Zimmer. Eine seiner flauschigen blauweißen Federn verliert er über Annettes Bett.

Sie springt hoch, greift nach ihm, und schon ist er weg. Er fliegt durch das offene Fenster hinaus in den Spatzenbaum. Annette kann es kaum glauben. Dort sitzt er und schmettert trotzig-fröhlich zu Annette herüber: „Pipi! Pipi! Pipi!“

Annette lockt ihn erst mit einem Leckerchen, dann mit einem Plastikpapagei. Es nutzt nichts.

Annette wartet. Erst eine halbe Stunde, dann eine ganze. Aber Pipo sitzt nur dort im Baum und ruft mit wachsender Freude: „Pipi! Pipi!“

Den Spatzen scheint es zu gefallen. Sie schnattern so wild wie selten.

Annette hält es nicht länger aus. Sie geht zu den Erwachsenen ins Wohnzimmer und berichtet, was ihr passiert ist.

Damit löst sie ein wildes Durcheinander aus. Tante Frieda rät, die Feuerwehr zu rufen. Aber Heinz, der fünf Stücke Torte verdrückt hat, sieht jetzt eine Möglichkeit, sich sportlich zu betätigen. Er klettert auf den Baum, um Pipo einzufangen. Alle anderen Geburtstagsgäste stehen – gute Ratschläge erteilend – unter dem Baum.

Tante Frieda sagt nun zum fünftenmal, Heinz solle sich nur ja nichts brechen.

Er ist schon ganz weit oben. Aber Pipo sitzt auf einem dünnen Ast. Pipo ist leicht. Der Ast trägt ihn. Onkel Heinz dagegen ist schwer. Viel zu schwer.

Tante Frieda hält die Luft an, als Heinz versucht, Pipo zu greifen.

Dann kracht ein Ast, und Onkel Heinz hängt nur noch mit einer Hand im Baum. Er zappelt wie ein gefangener Fisch. Rums, da liegt er unten.

„Hoffentlich hat er sich nichts gebrochen!“ sagt Tante Frieda.

Pipo flattert eine Runde und sieht sich alles in Ruhe an. „Pipi! Pipi!“ ruft er und fliegt in seinen Käfig zurück.

Annette rennt hoch in ihr Zimmer. Im Käfig sitzt Pipo. Darauf ein Spatz.

„Pipi! Pipi!“ krächzt Pipo.

„Na gut!“ sagt Annette. „Du hast gewonnen. Wenn du bei mir bleibst, nenn' ich dich ab heute Pipi.“

Timmi, der Drachentöter

Als Timmi aufwachte, war er ganz naßgeschwitzt. Sein Lieblingsschlafanzug klebte an ihm wie das Pflaster über seinem Knie.

Timmi wühlte sich vorsichtig durch die Decke hoch. Er lag zusammengerollt am Fußende. Ganz unter der dicken Decke versteckt.

Nein, Timmi war kein Angsthase. Alle behaupteten, er sei ein Angsthase. Zu feige, alleine in seinem Zimmer zu schlafen.

Seine Eltern wollten ihn nämlich nicht mehr zwischen sich liegen haben. Schließlich, so sagte Mutter, sei er kein Baby mehr. Er solle sich nicht so anstellen.

„Angsthase!" sagte Vater. „Du hast eine große Pistole, eine große Klappe und ein großes Polizeiauto. Also sei ein ganzer Mann."

„Aber Papa, ich fürchte mich so alleine!" hatte Timmi wie immer geantwortet.

„Du bist nicht allein in deinem Zimmer. Du hast einen Goldhamster."

Papa hatte gut reden. Er schlief neben Mama, und die konnte Karate.

„Aber wenn ich alleine bin, dann kann ich überhaupt nicht einschlafen. Dann bleibe ich die ganze Nacht wach."

„Na gut." Papa hatte nachgegeben. „Ich erzähle dir noch eine Geschichte. Eine von Rittern und Drachentötern. Aber nur eine einzige. Dann schläfst du ein."

Jetzt war Timmi allein. Ganz allein in diesem dunklen Raum. Aber wehrlos war er nicht. Er hatte seine Pistole mit ins Bett genommen, sein fürchterliches Gummischwert und seine Taschenlampe.

Nur, wie sollte er die Taschenlampe in der Finsternis finden?

Papa hatte die Geschichte im Dunkeln erzählt, damit Timmi dabei einschlafen konnte.

Der Lichtschalter an der Tür war gut vier Meter von Timmis Bett entfernt. Die Nachttischlampe funktionierte nicht mehr, seit Timmi mit ihr nach dem Geräusch geworfen hatte.

Denn immer wenn Timmi versuchte einzuschlafen, sobald das Licht aus und Timmi allein war, kam dieses unheimliche Geräusch.

Es war ein Kratzen und ein Schaben. Als ob ein Monster hinter der Regalwand eingemauert sei, das nun versuchte, sich mit scharfen Krallen zu befreien.

Jetzt war das Geräusch wieder da. Aber diesmal würde Timmi nicht in das Schlafzimmer seiner Eltern flüchten. O nein! Diesmal würde er sich dem Ungeheuer stellen.

Jawohl! Er, Timmi, der Drachentöter, würde das Gespenst mit seinem fürchterlichen Gummischwert in Stücke hauen.

Aber dazu brauchte er zunächst die Taschenlampe.

Die Pistole lag unter dem Kopfkissen. Das hatte Timmi im Krimi mal so gesehen. Gangster schliefen mit einer Pistole unterm Kopfkissen. Gangster, Geheimagenten, Drachentöter und Timmi.

Das Geräusch wuchs zu einem metallenen Scharren an. Ein merkwürdiges quietschendes Drehen auf Metall.

Vielleicht war da ein Bohrer oder eine Säge? Benutzte das Monster Werkzeug, um aus der Wand zu kommen? Reichten die Klauen nicht aus, oder waren sie vielleicht gar nicht so scharf und gefährlich?

Vielleicht war das Monster durch die lange Gefangenschaft geschwächt, hatte steife Muskeln, Zahnausfall und statt messerscharfer Krallen abgebrochene Fingernägel?

Da bekam Timmi sein fürchterliches Gummischwert zu fassen. Langsam kroch er weiter unter der Decke vor, ohne das fürchterliche Gummischwert loszulassen.

Da war auch die Taschenlampe. Timmi machte sie noch nicht an. Er steckte sie sich in den Mund. Nein, nicht ganz. Nur so weit, daß die Birne und der Knopf zum Einschalten freilagen. Timmi ging fast lautlos vor. Er atmete flach, und nur ab und zu ächzte das Drahtgestell unter seiner Matratze verdächtig.

Endlich war Timmi beim Kopfkissen angekommen. Er nahm die Pistole in die andere Hand. Dort, wo die Pistole gelegen hatte, war jetzt ein nasser Fleck. Die Waffe war nicht mehr ganz dicht.

Er setzte einen Fuß auf den Boden und spürte den flauschigen Teppich wie einen zu kurz geschorenen Rasen. Seine Augen hatten sich schon an die Dunkelheit gewöhnt, so daß er die Umrisse der Möbel erkennen konnte.

Das Geräusch wurde lauter. Es kam aus der Ecke, wo auch der Hamsterkäfig stand.

Timmi wußte sofort Bescheid: Das Untier wollte den Hamster fressen. Aber es rechnete nicht mit Timmi, dem Drachentöter.

„Na warte!" zischte Timmi. Dabei wäre ihm fast die Taschenlampe aus dem Mund gefallen.

Dort, was war das?

Ach ja, das war der große Teddy, den Timmi auf der Kirmes gewonnen hatte.

Timmi schlich noch zwei Schritte vorwärts. Dann kam er an seinen Gummihelm. Er setzte ihn auf. Oben am Helm, wo früher die Gummispitze saß, war jetzt ein Loch. Dort paßte genau die Taschenlampe hinein.

Der Kampf konnte beginnen.

Timmi hob sein fürchterliches Gummischwert. Ja, es war wirklich ein fürchterliches Schwert, denn immer wenn er es gerade in die Luft hielt, knickte die weiche Spitze ab.

Timmi wagte den Angriff trotzdem.

Er jagte zwei Spritzer seiner tropfenden

Wasserpistole in die Dunkelheit. „Hände hoch, du feuerspuckendes Ungeheuer!" brüllte Timmi. Er schleuderte sein Gummischwert und knipste die Taschenlampe an.

Das Schwert klatschte auf den Hamsterkäfig. Timmi schoß und schoß und stürmte mit Gebrüll vorwärts. Dabei stolperte Timmi über seinen Vater. Der war nämlich bei seiner Rittergeschichte selbst eingeschlafen und lag nun vor Timmis Bett.

Das heißt, jetzt lag er nicht mehr. Er saß aufrecht und starrte Timmi erschrocken, mit weit aufgerissenen Augen an.

Vater raffte sich auf und schaltete das Licht an. Timmi feuerte noch immer Wasserspritzer in den Hamsterkäfig. Den Goldhamster schien das wenig zu stören. Der rannte in seinem Rad weiter, daß es nur so scharrte und kratzte.

„W...w...was ist passiert?" stotterte Papa verwirrt.

Timmi ließ die Wasserpistole sinken und nahm seinen Helm ab.

„Es ist etwas sehr Wichtiges passiert, Papa", sagte Timmi. „Ich habe ein Gespenst vertrieben!"

„Du hast was?"

Timmi lachte, weil sein Vater so verwirrt aussah.

„Ich bin heute nacht zum Drachentöter geworden. Niemand soll es mehr wagen, Angsthase zu mir zu sagen. Zu Timmi, dem Drachentöter!"

Vater verstand immer noch nicht.

Timmi ging in sein Bett zurück. „Bitte, Papa", sagte er, „geh zu Mama. Laß mich allein. Ich will meinen Sieg noch ein bißchen genießen!"

Frederikes Gedanken

Frederike hat so kalte Füße, daß sie nicht einschlafen kann. Auch ihre Hände fühlen sich an wie Eis am Stiel.

Sie klemmt den linken Fuß in die Kniekehle vom rechten Bein, um ihn zu wärmen. Aber der Fuß wird nicht warm.

Sie rollt sich wie ein Fragezeichen zusammen. Beide Hände drückt sie fest auf ihren Bauch.

Wenn die kalten Finger und Füße den Rest des Körpers berühren, zuckt Frederike jedesmal erschrocken zusammen. Sie bekommt eine Gänsehaut. Es ist, als würde sie im Dunkeln von einer fremden Person angefaßt. Einer Person, die lange durch die Winternacht gestapft ist. Mit Schnee in den Haaren und Matsch an den Schuhen.

Manchmal, wenn sie allein im Bett liegt, stellt sie sich einen alten Mann vor mit gefrorenen Barthaaren und blauen Fingern. Aber es ist kein alter Mann. Nicht der Nikolaus und nicht das Krümelmonster. Sie ist es selbst. Frederike!

Wenn Frederike Glück hat, gibt Mutti ihr eine Wärmflasche mit ins Bett. Daran kann sie sich abwechselnd die Füße und die Hände wärmen.

Aber jetzt im Sommer bekommt Frederike keine heiße Wärmflasche. Das findet sie ungerecht.

Sie liegt im Bett, starrt ins Dunkel und schnattert vor Kälte wie eine Ente.

Mama hat jetzt keine Zeit für Frederike, denn Tante Mia ist zu Besuch. Sie kommt nicht oft. Frederike kann Mama und Mia jetzt nicht stören. Sie haben sich viel zu erzählen.

Trotzdem geht sie einmal runter und klagt den beiden ihr Leid. Sie bekommt zwei Küßchen. Dann wird sie wieder hinaufgeschickt. Ab in die Federn.

Frederike fühlt sich so allein gelassen in ihrem Bett. Und jetzt fühlen sich auch noch ihre eigenen Hände und Füße an, als gehörten sie nicht zu ihr! Es ist wirklich schlimm.

Da öffnet sich die Tür einen Spalt. Ihre Tante steht im Zimmer. „Kannst du immer noch nicht schlafen?" fragt sie.

„Nein. Meine Füße sind Eisklumpen. Und meine Hände erst!"

Tante Mia kommt an Frederikes Bett. „Laß mal fühlen. Tatsächlich." Tante Mia setzt sich vors Bett. „Ich hatte das früher auch. Oh, es war furchtbar. Ich dachte, ich erfriere. Trotz vieler dicker Decken. Und an Schlaf war gar nicht zu denken."

„Und jetzt?" fragt Frederike. „Ist es jetzt anders bei dir?"

„O ja. Jetzt ist es besser. Viel besser!" flüstert Tante Mia.

„Wie hast du es geschafft? Oder hört das einfach von alleine auf?"

Tante Mia überlegt kurz, so, als wisse sie noch nicht genau, ob sie Frederike das Geheimnis anvertrauen möchte. Dann sagt sie: „Nun, ich habe einen Trick angewandt."

„Einen Trick?“

„Hm. Einen Trick.“

„Kannst du ihn mir verraten? Ich meine, klappt das bei mir auch?“

Tante Mia nickt. „Ja, sicher. Mit ein bißchen Übung klappt das bei jedem.“

„Bitte, Tante Mia. Verrate mir deinen Trick!“

„Gut. Ich mache es gerne.“ Noch immer spricht Tante Mia sehr leise, ganz so, als ob sie Angst hätte, jemanden zu stören. „Leg dich auf den Rücken, und schließe die Augen.“

„Ja, hab' ich.“

„Prima. Leg die Arme locker neben deinen Körper – so, daß sie ihn nicht berühren. Und streck die Füße aus.“

„Hab' ich alles.“

„Dann balle jetzt deine Fäuste. Aber laß die Augen zu.“

Frederikes Gesicht verzieht sich vor Anstrengung, so fest ballt sie ihre Fäuste. Trotzdem sagt Tante Mia: „Fester!“

Frederike glaubt schon, einen Krampf in den Armen zu bekommen, da sagt Tante Mia: „Noch fester.“

Noch eine kurze Kraftanstrengung, und dann sagt Tante Mia: „Nun laß ganz locker.“

„Puh!"

„Atme jetzt ein paarmal ruhig und tief durch. So, jetzt balle die Fäuste noch einmal. Fester. Noch fester!"

Nach einer kurzen Pause, gerade einen Atemzug lang, raunt Tante Mia: „Nun laß locker. Ganz locker. Jetzt stell dir vor, daß deine Hände und Arme ganz warm und schwer werden. Denk ganz einfach: Meine Arme werden ganz schwer und warm. Du mußt ganz fest daran denken. Meine Arme werden ganz schwer und warm ..."

Und Frederike denkt ganz fest: Meine Arme werden schwer und warm. Immer wieder. Dann spürt sie schon ein merkwürdiges Kribbeln in den Fingern. So, als würde Schnee auf ihrer Haut schmelzen.

Sie versucht, sich das vorzustellen. Ihre Gedanken gehen zu ihren Händen, kriechen hinein und tasten sie von innen ab.

Meine Hände werden ganz schwer und warm! denkt Frederike. Sie sagt sich diesen Satz immer wieder langsam auf und stellt sich vor, daß ihre Hände ... Aber was ist das denn? Sie werden ja tatsächlich warm und schwer! Wärmer und schwerer, als sie je in ihrem Leben waren.

Frederike erschrickt ein wenig, denn sie begreift nicht, was geschieht. Es ist keine Wärmflasche im Bett. Niemand hat die Heizung höher gestellt. Nur mit der Kraft ihrer Gedanken hat sie die Eiszapfen in den Fingern aufgetaut.

Tante Mia findet das ganz selbstverständlich. Sie weiß, es hat funktioniert, denn sie sagt: „So, und jetzt zu den Füßen. Geh mit deinen Gedanken hin. Stell dir vor, daß sie schwer und warm werden. Halte sie ganz ruhig dabei und denke ganz fest: Meine Füße sind schwer und warm!"

Zunächst gelingt es Frederike nicht, die Gedanken zu den Füßen wandern zu lassen. Bleischwer hängen sie in den Armen fest und staunen.

Frederike denkt: Meine Füße sind schwer und warm.

Zunächst kommt es ihr vor wie eine Lüge, doch dann wird die Lüge Wirklichkeit. Die Füße sind jetzt so heiß, es wundert Frederike, daß sie nicht dampfen.

Meine Beine und meine Arme gehören nicht nur zu mir, sie gehorchen mir sogar. Ich bin der Chef in meinem Körper, denkt Frederike und schläft dann tief und fest ein.

Am anderen Morgen fühlt Frederike sich großartig. Stark, zufrieden, fröhlich.

Beim Frühstück zwinkert sie Tante Mia zu. Den ganzen Tag über freut Frederike sich auf den Abend. Sie kann es gar nicht abwarten, es noch einmal auszuprobieren. Sie spricht mit niemandem darüber. Sie hat Angst, daß die anderen nur darüber lachen würden.

Am Abend staunt die Mutter dann, weil Frederike schon ins Bett will und gerne auf die Kinderstunde verzichtet.

Frederike kommt auch nicht noch einmal herunter. Sie hat scheinbar keinen Hunger und keinen Durst wie sonst, wenn Schlafenszeit ist. Sie quengelt nicht und sieht sehr fröhlich aus.

Sie legt sich ruhig hin, atmet zweimal durch und beginnt, ihre Gedanken in die Arme zu schicken.

Es klappt wieder. Mit den Armen und mit den Beinen. Dann schläft Frederike zufrieden ein.

Am nächsten Tag, als Frederike ihr Zimmer aufräumen soll, macht sie einen Versuch: Wenn meine Gedanken so viel können, denkt sie, dann können sie vielleicht auch noch ganz andere Dinge vollbringen. Sie setzt sich mitten in das Chaos, schließt die Augen und denkt immer wieder die gleichen Sätze: Mein Zimmer ist ganz toll aufgeräumt. Die Spielsachen liegen in den Kisten. Die Pullover sind im Schrank gestapelt. Vielleicht sind sogar die Buntstifte angespitzt, und der Teddy hat sein verlorenes Ohr zurück?

Frederike traut sich gar nicht, die Augen zu öffnen. Sie blinzelt nur ein bißchen. Aber schon sieht sie: Es ist alles so geblieben wie vorher.

Sie schließt die Augen wieder ganz fest und preßt die Lippen aufeinander. Sie versucht es erneut. Aber es klappt nicht.

Enttäuscht geht Frederike nach draußen.

Als sie von Mutter gebeten wird, den Tisch abzuräumen, will sie das auch von ihren Gedanken erledigen lassen. Aber sooft sie auch denkt: Der Tisch ist jetzt abgeräumt! – keine Tasse, kein Löffel bewegt sich.

Frederike fragt Tante Mia um Rat.

Aber die lacht nur. „Gegenstände", sagt sie, „können deine Gedanken nicht bewegen. Das mußt du schon selbst tun."

„Meine Gedanken haben also nicht die Zauberkraft verloren?"

„Nein. Du wirst es heute abend spüren. Sei zufrieden mit dem, was sie können. Es ist sehr viel. Verlange nicht auch noch, daß sie dein Zimmer aufräumen und den Tisch abdecken, deine Schularbeiten machen und Geld für Weihnachtsgeschenke sparen." Als Frederike an diesem Abend wieder mit schweren und warmen Füßen und Händen einschläft, verspricht sie ihren Gedanken, in Zukunft ihre Arbeit selbst zu erledigen.

Annes Löwe

Anne kniet auf dem Stuhl und malt einen Löwen. Wenn Anne malt, dann legt sie ihren Kopf dabei aufs Papier. So kann Anne besser träumen.

Manchmal weiß Anne gar nicht, ob ihre Finger den Stift führen oder der Stift ihre Finger. Aus Linien und Kreisen werden plötzlich Gesichter, Tiere, Wolken. Selten weiß Anne vorher genau, was sie malen will. Sie fängt einfach an.

Jetzt gerade entsteht auf dem Papier ein Löwe. Eine Mähne aus kleinen, blauen Kringeln hat er schon. Auch eine Nase, Augen und ein Maul mit Barthaaren daran. Aber die Mundwinkel gefallen Anne nicht. Sie hat sie hochgezogen. So sieht der Löwe lustig aus. Lachend. Aber ein Löwe, findet Anne, soll sehr grimmig dreinschauen. Furchterregend.

Anne dreht ihren Bleistift um. An seinem hinteren Ende klebt ein Radiergummi. Anne setzt ihn an und will damit das Maul des Löwen ausradieren. Der Gummi ist weich. Anne drückt ihn hart aufs Papier. Da verzieht der Löwe das Gesicht.

Erschrocken läßt Anne den Radiergummi fallen. Jetzt liegt sie nicht mehr halb auf dem Tisch. Sie steht kerzengerade auf dem Stuhl. Am liebsten würde sie schreien, aber sie bekommt kein Wort heraus.

Nein, nein, denkt sie plötzlich. Das kann nicht sein. Der Löwe kann sich nicht bewegt haben. Der lebt ja nicht. Ich habe ihn nur gemalt. Er hat noch nicht einmal Beine. Keinen Schwanz und keinen Bauch.

Obwohl, denkt Anne weiter, die Tiere in Zeichentrickfilmen bewegen sich auch. Sie können sogar sprechen.

Aber das ist Film. Im Film geht alles. Hier dieses Papier hat Anne selbst bemalt.

Mutig nimmt sie ihren Stift und drückt den Radiergummi erneut aufs Papier. Kaum berührt er den Mundwinkel des Löwen, da schüttelt der unwillig seine Mähne.

„Laß meinen Lachmund in Frieden! Freche Göre!" knurrt er.

Anne muß sich am Stuhl festhalten, um nicht runterzufallen. „Du ... Du kannst sprechen?" stammelt sie.

„Klar!" sagt der Löwe. „Warum malst du mir erst einen Mund, wenn ich dann nicht sprechen können soll?"

„Ja ... Ich ... Ähm ... Ich dachte – ein richtiger Löwe braucht eben auch ein Maul", verteidigt sich Anne.

„Eben", grinst der Löwe. „Und mit einem guten Mund kann man nicht nur essen. Man kann auch sprechen!"

„Ja schon, aber ..."

„Was aber?" faucht der Löwe. „Nun mach mir lieber Beine, einen schönen Schwanz und einen dicken Bauch. Oder glaubst du, ich will ewig hier sitzen?"

„Was?" schreit Anne. „Willst du etwa weglaufen, wenn ich dir Beine male?"

„Klar. Was machst du denn mit deinen Beinen? Laufen, nehme ich doch an, oder verbrennst du sie? Machst du Suppe daraus oder Hundeknochen?"

„Nein. Ich ..."

„Na also. Ich verlange nicht mehr für mich als du für dich. Einen Lachmund und schnelle Beine. Außerdem ..."

„Was noch, außerdem? Willst du Flügel?"

„Nein. Keine Flügel. Oder hast du schon einmal einen fliegenden Löwen gesehen?"

„Nein, natürlich nicht."

„Dann frag nicht so blöd!"

„Also ... Was willst du außerdem?"

Der Löwe druckst ein wenig herum. Es ist ihm peinlich.

„Na sag schon!"

„Bitte, ich flehe dich an! Mach mir andere Haare! Ein Löwe mit einer blauen Mähne! Wie sieht das denn aus? Alle werden über mich lachen."

„Hm. Darüber läßt sich reden", sagt Anne großzügig. „Welche Farbe soll deine Mähne denn bekommen?"

„Hellgrün!" ruft der Löwe begeistert.

„Ach, du spinnst ja", lacht Anne. „Dann kannst du sie gleich blau lassen. Hellgrün oder blau, das ist einerlei. Richtige Löwen haben eine braune Mähne. Oder gelb wie Stroh."

„Woher weißt du das? Kennst du richtige Löwen?"

„Ja."

„Woher?"

„Aus dem Zoo."

„Bring mich hin!"

„Das geht nicht."

„Warum nicht?"

„Nun weil ... Weil ... Weil es eben nicht geht."

„Mal mir Beine, und dann zeig mir den Weg."

„Du bist echt das frechste Tier, das ich je gemalt habe!"

Anne gibt sich mit den Beinen besondere Mühe. Sie sollen gleich lang werden, damit der Löwe beim Laufen nicht umfällt.

„Prima!" Der Löwe freut sich. „Jetzt mal mir ein schönes, warmes Fell."

„Etwa auch hellgrün?" fragt Anne bissig.

„Was für ein Fell haben Löwen denn meistens?"

Anne will erst „schweinchenrosa" sagen, aber dann sagt sie: „Gelb."

„Hast du Gelb?"

„Ja."

„Dann los!"

Anne malt ihren Löwen aus. Er schnurrt vor Freude wie eine kleine Katze.

Da betritt Annes Mutter den Raum. „Was ist, Anne? Träumst du wieder? Wir wollten doch in den Zoo. Bist du fertig?"

„Ja, Mutti, gleich! Ich träume auch nicht wieder. Ich male ein Bild!"

„Beeil dich!"

„Ich bin gleich fertig. Ich muß meinen Löwen nur noch ausmalen."

Jetzt reißt der Löwe die Augen auf. „Was ist?" knurrt er. „Nimmst du mich mit?"

„Klar", sagt Anne. „Ich lass' dich im Zoo frei. Da werden die anderen Tiere schön blöd gucken. Sie sitzen im Käfig, und du stehst davor."

„Aber nicht mit blauen Haaren!" schimpft der Löwe.

„Anne! Beeil dich! Der Bus fährt gleich!"

Anne beugt sich ganz nah zu ihrem Löwen herunter und flüstert: „Stell dich nicht so an. Die anderen werden denken, du seist ein Punker."

„Punker? Kenn' ich nicht!" schmollt der Löwe.

Da nimmt Anne ihn und faltet ihn zusammen. Sie steckt ihn in ihre Hosentasche, klopft darauf und sagt: „Schön brav sein. Nur nicht beißen."

Der Löwe zwinkert freundlich mit den Augen und freut sich auf den Zoo, aber das sieht niemand.

Susanne hat eine Meise

Susanne ist im ersten Schuljahr. Sie geht gerne zur Schule. Bald kommt sie in die zweite Klasse.

Susanne freut sich schon auf die erste Stunde. Frau Michel will heute eine Geschichte erzählen. Das hat sie versprochen. Susannes Schulweg ist nicht weit. Sie geht jeden Morgen zu Fuß. Nur zweihundert Meter. Bis zur Kreuzung und dann um die Ecke. Es ist zwanzig vor acht. Um acht beginnt die Schule. Susanne hat also noch genug Zeit. Mehr als genug.

Trotzdem wird sie heute zu spät kommen. Denn gleich geschieht etwas, das den heutigen Tag gewaltig durcheinanderbringen wird und die folgenden Tage erst recht.

Als Susanne mit ihrem roten, viel zu schweren Tornister auf dem Rücken aus dem Haus tritt, sieht sie auf dem Fußweg ein Federbündel liegen. Es sieht grau aus und schmutzig. Und weil Susanne noch so viel Zeit hat, schaut sie sich das Federbündel genauer an. Siehe da! Das Ding hat einen gelben Schnabel. Jetzt erkennt Susanne sogar winzige schwarze Augen zwischen den Federn.

Susanne bückt sich. Vorsichtig hebt sie ihren Fund auf. Es ist ein kleiner Vogel. Er zittert vor Angst oder vor Kälte und wiegt kaum mehr als ein zusammengeknülltes Taschentuch. Er sieht auch so ähnlich aus.

Seine Augen sind verklebt. Susanne traut sich aber nicht, den kleinen Vogel sauberzumachen. Sie will ihm nicht weh tun. Sie hält ihn locker in den Händen. Er kuschelt sich an ihre Finger, als wären sie das Moos in seinem Nest.

Susanne schaut sich um. Irgendwo muß der kleine Flattermann doch herkommen. Schon sieht sie sein Zuhause. Dort am Telefonmast hängt ein kleiner Holzkasten mit einem kreisrunden Loch. Das ist ein Vogelhäuschen. Darin schimpfen laut ein paar hungrige Singvögel.

„Na, bist du aus dem Nest gefallen? Oder haben sie dich rausgeworfen, weil du so ein Frechdachs bist?“ fragt Susanne.

Da richten sich die feinen Flaumfedern auf dem Kopf des Vögelchens auf. Sie schimmern ein bißchen bläulich. Wie Jan, der Punker von nebenan, sieht das Vogelkind jetzt aus. Jans Haare sind allerdings grün oder möhrenrot. Je nachdem.

Komisch, denkt Susanne, ich bin jeden Tag an dem Vogelhäuschen vorbeigegangen. Ich habe sogar das Gepiepse gehört. Aber ich habe es nicht beachtet. Jetzt weiß ich nicht einmal, was für ein Vogel du bist. Eine Amsel, eine Drossel, ein Fink oder ein Star.

Susanne kennt die Namen aus dem Kinderlied. Wie die Vögel aussehen, weiß sie nicht.

Sie kann mindestens zwanzig verschiedene Automarken auf Anhieb unterscheiden. Mindestens fünfzig Sorten Eis erkennt sie sofort am Aussehen und am

Geschmack. Wenn sie den Fernseher einschaltet, weiß sie beim ersten Bild, welche Serie gerade läuft. Aber mit Vögeln kennt sie sich nicht aus.

Sie kann einen Spatz von einem Schwan unterscheiden und eine Ente von einem halben Brathähnchen. Mehr auch nicht.

Eigentlich schade.

Vorsichtig schützt sie den Vogel nun gegen den Wind und will ins Haus zurück. Aber da fährt Mutti schon winkend aus der Garage. Sie muß zur Arbeit.

Mist, denkt Susanne, was mache ich jetzt? Mutti hätte die Leiter aus der Garage zum Vogelhäuschen tragen können. Ich könnte das Kleine dann wieder ins Nest legen. Aber alleine kann ich die Leiter nicht tragen.

Da hat Susanne eine Idee. Auf ihrem Schulweg kommt sie an einer Tierhandlung vorbei. Die verkaufen Goldfische, kleine Katzen, Hamster und auch bunte Vögel.

Am besten, denkt sie, bringe ich den Piepmatz erst mal dorthin. Vielleicht haben sie da etwas zu essen für ihn.

Die Tierhandlung hat noch gar nicht geöffnet. Die Besitzerin wischt gerade den Boden, als Susanne an die Glastür klopft. Sie sieht sofort, daß Susanne ein Vögelchen in der Hand hat, und öffnet ihr.

Schnell erzählt Susanne, wo sie den Vogel gefunden hat. Die Frau sieht sich Susannes Vögelchen an und sagt dann: „Das ist eine Meise. Eine Blaumeise. Sie ist bestimmt erst zwei Wochen alt. Ins Nest zurückbringen kannst du sie nicht. Die Eltern würden sie nicht mehr annehmen. Sie riecht jetzt anders.“

„Was soll ich denn machen?“

„Hm. Hm. Hm. Na ja, wahrscheinlich wird die kleine Meise sterben. Sie muß nämlich von ihren Eltern gefüttert werden. Den ganzen lieben langen Tag. Mindestens alle Viertelstunde braucht sie etwas.“

Ich könnte sie ja füttern, denkt Susanne. Schnell fragt sie: „Was fressen Blaumeisenbabys denn?“

„Blattläuse, Mücken, Larven, Schildläuse, Raupen, Insekten, Spinnen ...“

„Tja“, sagt Susanne, „so etwas haben wir zu Hause nicht im Kühlschrank.“

Die Ladenbesitzerin lacht. Sie holt eine Made von nebenan und hält sie der kleinen

Blaumeise vor den Schnabel. Die reißt ihn auf und wartet zitternd, bis die Made ganz in ihrem Hals verschwunden ist.

„Am besten", sagt die Frau, „füttert man Blaumeisen mit einer Pinzette. Die Mutter gibt ihr das Futter ja auch mit dem Schnabel."

Susanne überlegt. Wenn sie das Vögelchen retten will, muß sie es also immer bei sich haben, um es ständig füttern zu können. Natürlich will Susanne ihr Baby retten. Sie fühlt sich schon als Blaumeisenmama.

Die Tierladenbesitzerin ist von Susannes Eifer gerührt. Sie leiht ihr einen kleinen Vogelkäfig und Watte. Aus der Watte formt Susanne ein Nest für ihren Schützling. Sie gibt ihm einen Namen: Herr Meise.

In dem Käfig scheint Herr Meise sich schon ganz wohl zu fühlen. Er soll natürlich nur so lange darin bleiben, bis er fliegen kann. Dann will Susanne ihn freilassen.

Jetzt bekommt Susanne auch noch Futter für Herrn Meise. Eine Dose mit Maden. „Die kannst du später mal bezahlen", sagt die Frau. „Mindestens jede halbe Stunde mußt du deiner Meise eine Made anbieten. Am besten mit dieser Pinzette hier."

Susanne bekommt noch ein Tuch. Sie legt es über den Käfig, damit Herr Meise mehr Ruhe hat.

„Wenn er sich beim Absturz nichts gebrochen hat, kann er überleben!" verspricht die Frau.

Hoffentlich, denkt Susanne. Hoffentlich. Dann geht sie nach Hause zurück. Der Käfig ist schwerer, als sie dachte. In einer Hand hält sie die Madendose, mit der anderen den Käfig. Auf dem Rücken sitzt der Schultornister wie ein Äffchen am Baum.

Susanne kommt aus der Puste. Kaum zu Hause, fällt ihr ein, daß sie ja keinen Schlüssel hat. Mama und Papa sind zur Arbeit. Auch gut, denkt sie, nehme ich Herrn Meise eben mit zur Schule.

Aber erst einmal stellt sie den Käfig ab und nimmt mit der Pinzette eine Made aus der Dose. Die reicht sie dann Herrn Meise. Der schluckt gierig und bedankt sich mit einem kurzen Ton. Etwa so: „Piiieph!"

Susanne deckt den Käfig wieder zu. Aber oje! In der Zwischenzeit sind viele der Maden aus der offenen Dose gekrabbelt. Sie versuchen zu entkommen. Susanne sammelt sie rasch ein.

Dann hört sie die Kirchenglocke. Auweia. Immer mit dem Glockenschlag betritt Frau Michel die Klasse. Susanne beeilt sich. Aber mit dem Käfig und den Maden kommt sie nur langsam vorwärts. Sie muß den Käfig immer öfter absetzen. Schwer ist er eigentlich nicht. Eher unhandlich.

Dann hat sie es geschafft. Leise öffnet sie die Tür zum Klassenraum und schleicht sich an ihren Platz. Sie sitzt ganz hinten bei der Tür. Frau Michel liest gerade die versprochene Geschichte vor.

Susanne stellt den Käfig vor sich auf den Tisch und nimmt vorsichtig das Tuch ab.

Fred dreht sich um und staunt. Dann ruft er laut: „Frau Michel! Frau Michel! Susanne hat eine Meise!"

Ärgerlich sieht Frau Michel hoch. „Fred!

Du sollst nicht so ungezogen über deine Mitschülerin reden!"

„Aber es stimmt!" jubelt Susanne.

Jetzt drehen sich alle um. Keiner beachtet mehr die Lehrerin. Sie legt ihr Buch weg und kommt zu Susanne.

Dann darf Susanne vorne stehen und die ganze Geschichte erzählen. Natürlich wollen alle Schüler Herrn Meise einmal sehen.

Von jetzt an bringt Susanne ihn täglich mit zur Schule. Eine ganze Woche lang. Er wird von allen gefüttert. Die Kinder sammeln Blattläuse für ihn, Raupen und Würmer. Er hat schon längst keine Angst mehr. Wenn er Hunger hat, schimpft er so laut, bis er etwas bekommt.

Susanne versucht auch, ihm das Fliegen beizubringen. Eigentlich müßte seine Mutter das tun. Susanne ist jetzt so etwas Ähnliches wie seine Mutter.

Herr Meise traut sich schon auf den Käfig. Aber er hält sich noch mit den Füßen an den Stäben fest. Losfliegen will er nicht.

Susanne sitzt in jeder Schulpause neben

seinem Käfig wie ein Vogel auf dem Tisch und zeigt ihm, wie man fliegt. Nur... Susanne kann selbst nicht fliegen. Sie springt einfach aus der Hocke in die Luft und flattert mit den Armen.

Aber dann, nach sieben Tagen, springt Herr Meise mit Susanne gleichzeitig in die Luft. Er bleibt oben. Susanne leider nicht. Durch das offene Fenster fliegt Herr Meise nach draußen.

Das ist nun schon ein paar Wochen her, doch immer noch landet Herr Meise täglich auf der Fensterbank des Schulzimmers. Energisch klopft er mit dem Schnabel an die Scheibe. Er bettelt um Futter und bedankt sich anschließend bei allen mit einem kurzen Gedicht. Es geht so: „Piiieph – Ziieph – Ziiiephh – Ziiieph – Piep!"

Die fliegenden Kaffeekannen

Peter liebt Lakritz. Die langen Stangen mag er besonders und die weichen Schnecken! Hmmm!

Am liebsten ißt Peter sein Lakritz im Bett. Auch als er ganz klein war, hat er nie an einem Schnuller gelutscht. Auch den Daumen mochte er nicht. Wohl aber Lakritz.

Wenn er zwischen Gaumen und Zunge den süßen Saft aus den schwarzen Stangen saugt, dann kommen die schönen Träume ganz von alleine.

Leider sind Peters Eltern dagegen. Sie meinen, er soll sein Lakritz tagsüber essen. Auf keinen Fall aber abends nach dem Zähneputzen. Lakritz sei nämlich schädlich für die Zähne und für die Bettlaken, denn die schwarzen Lakritzflecken kleben die Bettlaken zusammen.

Peter hat diese schwarzen Flecken auch auf Hemden, Hosen, Jacken, Mützen, und manchmal kleben feucht gewordene Salmiakpastillen in seinen Haaren.

Zweimal schon mußte ihm deswegen eine Glatze geschnitten werden.

Morgens durchsuchen Peters Eltern seine Anziehsachen und seine Tasche nach Lakritz. Abends sein Bett und seinen Schlafanzug. Vor dem Zubettgehen hebt Peter schon freiwillig seine Arme und zeigt die leeren Hände vor. Dann macht er den Mund auf. Noch strahlen die frisch geputzten Zähne weiß. Geduldig läßt er sich nach Lakritz abtasten.

Oft finden die Eltern etwas. Aber längst nicht immer, denn Peter ist inzwischen Weltmeister im Lakritzverstecken geworden. Selbst nackt hat er schon Lakritz geschmuggelt. Unter der Zunge. Zwischen den Zehen. Zwischen den Pobacken.

Auch in seinem Zimmer gibt es Verstecke, die seine Eltern trotz stundenlangen Suchens noch nicht entdeckt haben.

Hinter der Fußleiste liegen gleich drei Stangen. Im Lampenschirm hängt eine Tüte Lakritzbären. Sein Lieblingsteddy hat seit langem keine Kunststoffkügelchen mehr unterm Fell, sondern meistens zwei Hände voller Schnecken.

Die riesige Ritterburg dort hinten in der Ecke ist innen hohl. Darin hat Peter seine größten Vorräte.

Das dicke Märchenbuch im Regal kann

kein Mensch lesen. Zwischen den Buchdekkeln klebt keine einzige Seite. Nur Lakritzstangen, Lakritzlutscher, Lakritzfüße, Nasen, Bären, Dreiecke und Schnecken.

Wieder liegt Peter im Bett und leckt mit schlechtem Gewissen an einer Lakritzkugel. Er schläft schon fast ein, da hört er ein Geräusch. Ein leises Brummen, das langsam näher kommt wie eine Stechmücke.

Peter setzt sich im Bett aufrecht und staunt. Vor seinem Fenster schwebt eine fliegende Untertasse. Das heißt, eigentlich ist es mehr eine fliegende Kaffeekanne, mit leuchtenden Fenstern und Scheinwerfern.

Peter glaubt einen Moment zu träumen. Er sagt: „Boaachhh!“ Dabei fällt die Lakritzkugel aus seinem Mund. Jetzt klebt sie an der Bettdecke. Peter hat keine Zeit, sich darum zu kümmern. Er klettert aus dem Bett und schleicht zum Fenster. Aus der fliegenden Kaffeekanne leuchten dünne Lichtstrahlen in Peters Zimmer und tasten langsam die Möbel ab. Peter entgeht ihnen nur knapp.

„Die suchen etwas“, denkt Peter. „Aber was? Etwa mich? Wollen die mich holen?“

Peter öffnet das Fenster vorsichtig. Da sieht er noch eine fliegende Kaffeekanne und noch eine.

„Das glaubt mir morgen wieder kein Mensch!“ Peter ärgert sich. Wenn er jetzt Papis Fotoapparat hätte ...

Kaum ist das Fenster offen, schwebt die erste fliegende Kaffeekanne herein. Sie landet sanft auf Peters Spielkiste. Qualmend öffnet sich der Deckel – genau wie bei einer richtigen Kaffeekanne.

Heraus steigt ein kleines Kerlchen. Etwa so groß wie Peters Ritterfiguren, nur viel beweglicher. Das Kerlchen trägt auch einen Helm. Allerdings keinen silbernen, sondern einen, der strahlt wie eine Glühbirne.

Er nimmt ihn ab und sagt: „Guten Abend, Peter, wir hoffen, daß wir dich nicht zu sehr stören.“

Peter schüttelt den Kopf. „Ihr stört mich nicht. Ich habe sowieso noch nicht geschlafen. Woher kommt ihr?“

Das Kerlchen winkt lachend ab. „Unseren Stern kennst du nicht. Er ist ein paar Milchstraßen weit entfernt. Wir nennen unseren Stern Naschhausen. Manche Leute nennen uns die Hm-Lecker-Leute.“

Peter nickt. Er versteht das Kerlchen gut, obwohl seine Stimme klingt, als ob sie aus einem kaputten Radio käme. – „Was wollt ihr hier auf der Erde?“ fragt Peter.

„Nichts!“ lacht das Kerlchen. „Was soll man auf diesem blöden Stern schon wollen? Es ist eine Notlandung. Mehr nicht. Wir hauen hier so schnell wie möglich wieder ab. Wir müssen nur erst unser Problem lösen.“

„Was für ein Problem?“

„Ach, du kannst uns sowieso nicht helfen. Wir haben keinen Treibstoff mehr.“

Peter ist nicht nur der beste Lakritzverstecker der Welt, er ist auch ein hilfsbereiter Junge. Er überlegt kurz und sagt dann: „Ich könnte mit meinem Vater sprechen. Der hat immer einen Reservekanister Benzin im Auto, vielleicht ..."

Das Kerlchen fällt vor Lachen fast in die Spielkiste. „Benzin! Ihr Menschen seid wirklich dumm! Als ob man mit Benzin das All durchqueren könnte. O nein. Wir brauchen einen stärkeren Stoff!"

„Atomkraft?"

„Quatsch! Atomkraft! Ihr lebt wohl noch in der Steinzeit?! Wir benutzen einen viel kräftigeren Stoff."

„Welchen denn?"

„Ach, das habt ihr hier auf eurer komischen Erde sowieso nicht."

„Was braucht ihr denn?" drängelt Peter.

„Kennst du nicht. Es ist ein hochexplosives Zeug. Sehr gefährlich, wenn man nicht damit umgehen kann. Wir durchstreifen das Sternensystem auf der Suche nach den letzten Reserven. Aber es gibt leider kaum noch Lakritz."

„Lakritz?" kreischt Peter.

„Ja, Lakritz!" nickt das Kerlchen und sieht recht traurig aus.

„Aber Lakritz habe ich genug!" Peter springt aufgeregt aus dem Bett. „Wirklich. Hier, unter der Ritterburg. Hinter der Fußleiste. Im Lampenschirm und ..."

„Du hast Lakritz?" Der Außerirdische macht große Augen.

„Ja. Wirklich!"

Das Kerlchen kann sein Glück kaum fassen und winkt die anderen fliegenden Kaffeekannen herein. Fünf landen nacheinander. Die Deckel fliegen auf, und viele kleine Kerlchen kommen zum Vorschein.

Peter packt sein Lakritz aus.

Die Besucher bestaunen seinen Schatz. „B . . . bist du der reichste Mensch der Erde?“ fragt einer. „Der Hüter der kostbarsten Stoffe?“

„Ja, so ähnlich“, lügt Peter. „Wenn ihr mal wieder Lakritz braucht, schaut ruhig vorbei. Ich habe immer einen Vorrat. Ich bin nämlich der Weltmeister im Lakritzverstecken.“

Hocherfreut tanken die kleinen Kerlchen ihre Raumschiffe mit Schnecken, Bärchen, Dreiecken, Stangen und Kugeln auf. Dann sausen sie durch das offene Fenster nach draußen.

Als Peter endlich wieder im Bett liegt, denkt er: Wenn ich groß bin, werde ich Astronaut. Dann fliege ich ins All und besuche meine Freunde. Ich werde jede Menge Lakritz ins Raumschiff schmuggeln. Das kann ich gut. Was ich unterwegs nicht aufesse, schenke ich den kleinen Kerlchen für ihre fliegenden Kaffeekannen.

Markus kommt auf den Hund

Markus kann Hunde nicht leiden. Das heißt, eigentlich hat er Angst vor ihnen. Markus wurde nämlich schon dreimal von einem Hund gebissen. Einmal richtig fest, daß es blutete. Zweimal nur ein bißchen. Aber für einen ordentlichen Schrecken reichte es aus.

Der erste Hund, von dem Markus gebissen wurde, hieß Bello. Genauso sah er auch aus. Groß, schwarz und gefährlich.

Wenn Markus aufrecht stand, war er genauso groß wie Bello. Die beiden konnten sich gerade in die Augen sehen.

Aber Markus stand nicht oft. Damals konnte er nämlich noch nicht richtig laufen und fiel meist auf den Hintern.

Bello gehörte Onkel Heinrich. Immer wenn Markus zu Besuch kam, zog er sich an Bellos langen, schwarzen Haaren hoch. Bello ließ sich das gefallen. Er schleckte sogar mit seiner rauhen Zunge quer durch Markus' Gesicht.

Trotzdem hat er Markus eines Tages gebissen. Nur weil Markus versucht hat, Bello einen Legostein in die Nase zu schieben. Daran erinnert Markus sich heute nicht mehr. Aber die Narbe an seiner Hand ist noch deutlich zu sehen.

Beim zweitenmal wurde Markus von einem dicken Dackel gebissen, nur weil er versucht hatte, einen Knoten in dessen Schwanz zu machen. Der dicke Dackel schnappte nur nach Markus. Er biß nicht wirklich fest zu, aber der Schreck hat sich tief in Markus' Erinnerung eingegraben.

Er braucht nur in die Nähe eines Hundes zu kommen, und schon fühlt er sich unwohl. Plötzlich beginnt seine Haut zu jucken, als ob er einen besonders kratzigen Pullover anhätte. Das Kratzen hört erst wieder auf, wenn zwischen Markus und dem Hund mindestens eine dicke Tür zugefallen ist.

Beim drittenmal wurde Markus von einem weißen Pudel gebissen. Sein Haß auf Hunde war so groß, daß er den Pudel aus

der Nachbarschaft mit Steinen bewarf, sobald er ihn sah. Inzwischen war Markus älter geworden. Er konnte gut laufen, schreien und mit Steinen werfen. Genau das tat er, wenn er den Pudel sah. Er schrie: „Hau ab, du blöder Köter!“ Dann warf er Steine und rannte weg. Meistens in den Hausflur.

Aber einmal war der weiße Pudel schneller. Er wurde von Markus' Stein getroffen, doch statt den Schwanz einzuziehen und zu fliehen, fegte er bellend hinter Markus her. Markus jagte los, aber er stolperte kurz vor der Haustür, und der Pudel bekam ihn zu packen. Zuerst stand er nur knurrend und zähnefletschend vor Markus. Dann kläffte er wütend, und schließlich, als Markus aufsprang, schnappte er nach dessen Hosenbein und riß es in Fetzen. Markus knallte lang hin und verletzte sich dabei die Knie und die Handflächen.

Markus sagt, wenn er König wäre oder wenigstens Bundeskanzler, würden Hunde abgeschafft. Ja, einfach verboten.

Aber Markus hat eine Schwester: Christa. Die ist ganz anderer Meinung. Sie liebt Hunde. Mehr als ihren Bruder, sagen manche Leute. Sie ist eine Hundenärrin, lästert Markus.

Christa wünscht sich einen Hund. Aber sie bekommt natürlich keinen. Denn Markus ist inzwischen allergisch gegen Hundehaare, sagt der Hausarzt. Das heißt, er muß sich jucken, als hätte er Flöhe, wenn ein Hund in seine Nähe kommt. Manchmal muß er auch noch niesen.

Christa glaubt, daß Markus ihr nur keinen Hund gönnt. Nicht einmal ein ganz kleines, ungefährliches Hündchen. Seine Art von Krankheit kennt sie. Sie hat auch eine Allergie. Immer wenn sie ihr Zimmer aufräumen soll, bekommt sie Kopfschmerzen, Bauch-

weh, manchmal sogar Fieber. Aber das nimmt der Hausarzt nicht ernst. Markus' Jucken und Niesen dagegen ist unheimlich wichtig.

Da sie keinen Hund haben darf, nicht einmal geschenkt, hilft Christa freiwillig im Tierheim. Dort geben manche Leute ihre Hunde ab, wenn sie sie nicht mehr haben wollen.

Christa führt dreimal in der Woche Hunde spazieren. Das ist wichtig für die Tiere. Schließlich können sie nicht immer nur im Käfig bleiben.

Am Anfang ging Christa mit einem Hund aus, dann mit dem nächsten. Inzwischen nimmt sie fünf oder sechs Hunde gleichzeitig an die Leine. Einmal, als sie mit so einer Meute durch den Park spazierenging, saß dort ein Kaninchen im Gras. Wenn es still sitzen geblieben wäre, hätte alles gutgehen können. Doch das ängstliche Karnickel lief weg. Die ganze Hundemeute spielte schlagartig verrückt. Das Jagdfieber packte sie, und sie wollten hinterher. Alle.

Christa rief: „Aus! Platz! Ruhe! Setzt euch!"

Aber die Hunde hörten nicht auf ihre Befehle. Sie zerrten an den Leinen. Sie waren stärker als Christa. Viel, viel stärker. Sie rissen Christa um. Christa umklammerte mit beiden Händen die Leinen, und die Hunde zogen Christa einfach quer über die Wiese hinter sich her. Sie schleiften sie über den Boden. Das Kaninchen bekamen sie zum Glück nicht. Doch Christa hatte sich die Haut abgeschürft, an den Ellbogen, an den Knien und sogar am Bauch.

„Das hast du nun von deinen blöden Kötern!" spottete Markus.

Von da an führte Christa höchstens noch zwei Hunde gleichzeitig aus.

Eines Tages bringt Christa aus dem Tierheim ein kleines Hündchen mit nach Hause. Es ist fast ganz schwarz. Nur um das rechte Auge hat es einen weißen Fleck. So, als habe die Farbe nicht mehr ausgereicht.

Der kleine Hund ist jung. Erst ein paar Tage alt. Eigentlich braucht er noch seine Mutti, um von ihren Zitzen zu trinken. Aber im Tierheim weiß niemand, wer seine Mutti ist. Er lag morgens in einem Schuhkarton vor der Tür. Im Tierheim hat Christa ihm

ein Milchfläschchen gegeben. Er nuckelte daran wie ein kleines Baby. Das fand Christa niedlich. Der junge Hund wuchs ihr sofort ans Herz.

Jetzt darf sie ihn das Wochenende über pflegen. Irgend jemand muß es ja machen, und Christa hat sich angeboten.

Hauptsache, Markus merkt nichts von Wuschel. Wuschel, so hat Christa das Hündchen genannt. „Mein kleiner Wuschel!"

Beim Laufen fällt er manchmal um. Seine Pfoten sind dick. Er müßte eigentlich gut darauf stehen können. Doch er bewegt sich so tapsig, daß er manchmal über seine eigenen Beinchen purzelt. Weh tut er sich nicht. Er rollt gerne herum und macht Sprünge.

Den ganzen Tag über spielt Christa mit Wuschel in ihrem Zimmer. Markus wird bestimmt merken, daß ein Hund im Haus ist, denkt sie. Er wird niesen und sich jucken, und dann weiß er Bescheid.

Aber Markus niest an diesem Tag nicht ein einziges Mal. Er kratzt sich auch nicht. Er überfrißt sich nur am Apfelkuchen und sieht fern. Er guckt immer Fernsehen, wenn die Eltern nicht da sind. Aber kaum hört er ihre Schritte im Flur, schaltet er den Kasten aus und tut so, als sei er den ganzen Tag nicht angewesen.

In ihrem Bett, am Fußende, hat Christa einen Schlafplatz für Wuschel gebaut. Ein warmes Versteck aus Tüchern, Stoff und Plüschtieren.

Aber in der Nacht, als Christa schläft, kurz bevor der Morgen graut, da trollt Wuschel sich aus dem Bett und rollt bis zur Tür. Er drückt seinen Kopf durch den Türspalt, bis sich die Tür langsam öffnet. Dann tapst er schnurstracks in das Zimmer von Markus und sieht sich dort neugierig um. Er klettert hoch in Markus' Bett und kuschelt sich an ihn. Markus grunzt im Schlaf.

Als Christa erwacht, erschrickt sie. Wo ist Wuschel? Doch hoffentlich nicht bei Markus! Wuschel braucht jetzt sein Fläschchen.

Christa fegt mit dem Fläschchen durch

die Wohnung. Sie guckt hinter jeden Sessel und unter jeden Schrank. „Wuschel!" ruft sie leise. „Wuuuuschelll?!"

Da hört sie eine Stimme in Markus' Zimmer. Sie öffnet die Tür, ohne anzuklopfen. Leise, kaum hörbar, tritt sie ins Zimmer.

Markus liegt noch im Bett. Wuschel sitzt auf seiner Brust und beleckt sich. Die beiden haben gar keine Angst voreinander.

Markus flüstert Wuschel zu: „Laß uns Freunde sein. Ich verspreche dir auch, ich schiebe keine Legosteine in deine Nasenlöcher und mache keinen Knoten in deinen Schwanz."

Jetzt bemerkt Markus seine Schwester Christa. Er wird rot. Er schämt sich. Dabei gibt es dafür gar keinen Grund. Im Gegenteil. Christa findet ihren Bruder zum erstenmal seit langer Zeit wieder richtig nett.

Sie hält ihm das Fläschchen hin und sagt: „Wuschel braucht jetzt Milch."

„Meinst du", fragt Markus, „meinst du, er würde sie auch von mir nehmen?"

„Bestimmt!" sagt Christa.

Ansteckungsgefahr

Viel zu früh knipste Mutti im Kinderzimmer das Licht an. Abends machte sie es meistens zu früh aus und morgens zu früh an.

Wiebke und Holger schliefen noch fest in ihrem Stockbett. Holger oben und Wiebke unten.

Holger hielt seinen Teddy fest umschlungen. Auf Holgers Gesicht erkannte Mutti ein Lächeln. Er hatte im Schlaf oft viel Spaß. Besonders, wenn er mit seinem Traumpferd Silberpfeil über die Schlafwiesen ritt. Nachts war Holger nämlich ein stolzer Indianerhäuptling und der beste Reiter des Wilden Westens.

Mutti rüttelte ihn: „Holger! Aufstehen! Das Frühstück ist fertig!"

„Habe ich heute frei?" fragte Holger verschlafen.

„Nein. Heute ist Dienstag. Heute hast du sogar Sport."

Holger brummte und verkroch sich tiefer unter der Decke.

„Komm! Raus aus den Federn!"

„Nur noch fünf Minuten!" bettelte Holger. „Bitte. Nur noch fünf Minuten."

Die gestand Mutti ihm gerne zu. Es war jeden Morgen das gleiche mit ihm. Er kämpfte um jede Minute.

Mutti bückte sich zu Wiebke.

Wiebkes Gesicht war rot und verschwitzt. Ihr Mund stand offen. Die Haut auf ihren trockenen Lippen war gesprungen. Vorsichtig legte Mutti ihre Hand auf Wiebkes Stirn. Wiebke öffnete die verklebten Augen und sagte mit heiserer Stimme: „Mutti ... Ich ... Ich friere ..."

„Du hast Fieber, Kind", sagte Mutti. „Besser, du bleibst heute zu Hause."

Wiebke nickte und schloß die Augen gleich wieder.

„Ich koche dir einen Tee, bevor ich ins Büro fahre", versprach Mutti. Dann ließ sie Holger und Wiebke allein.

Fieber, dachte Holger, das ist die Idee. Er kletterte aus dem Bett und brachte sein Gesicht ganz nah an Wiebkes Lippen. „Puste mal."

„Was?"

„Puste mich an!"

„Warum?"

„Ich ... Ich gebe dir dann auch die Reste von meinem Nikolausteller."

„Da kann ich drauf verzichten! Das Marzipan ist doch schon längst vertrocknet. Nikolaus war vor drei Monaten!" knurrte Wiebke unwirsch.

„Ja ... Aber ... Ich könnte dir von meinen Gummitieren alle doppelten abgeben."

„Auch den Löwen?"

„Ja, den auch."

„Gut. Dann komm."

Wiebke atmete tief ein und pustete ihrem Bruder dann so fest ins Gesicht, wie sie nur konnte.

„Danke, Wiebke. Danke. Du bist wirklich eine astreine Schwester!" verkündete Holger zufrieden.

Muttis Schritte näherten sich.

Rasch kletterte Holger in sein Bett zurück und zog sich die Decke bis zum Kinn.

Mutti stand mit dem Fieberthermometer im Zimmer. Sie schob es Wiebke in den Mund und streichelte Wiebkes Kopf. „Armes Kind."

Dann wandte sie sich an Holger, und ihr Ton war längst nicht so freundlich: „Nun aber hoch, du Langschläfer! Es wird Zeit. Du mußt zur Schule und ich ins Büro."

„Weil man sich dabei prima ansteckt."

„Ich habe Fieber."

„Eben. Sei nicht so geizig. Gib mir ein bißchen ab. Ich will heute auch zu Hause bleiben. Vielleicht liest Mutti wieder Geschichten vor. Außerdem kommt heute ein neues Hörspiel im Radio, und im Fernsehen läuft der dritte Teil von Pippi Langstrumpf."

Wiebke drehte sich zur Wand.

„He, Schwesterchen! Dreh dich nicht einfach um! Steck mich erst an!"

„Laß mich!"

„Och komm, sei nicht so gemein. Steck mich an. Gib mir ein paar von deinen Grippebakterien ab."

„Nein."

„Nur ein paar. Du hast doch genug."

„Nein!"

Holger faßte sich mit einer Hand langsam an die Stirn und stöhnte: „Ich ... Ich glaub', ich bin krank."

„Du? Wiebke hat Fieber. Aber du ..."

„Sie hat mich angesteckt."

Mutti fühlte Holgers Stirn. „Erhöhte Temperatur hast du aber nicht."

„Kommt noch!" prophezeite Holger. „Wiebke hat mir ihre Bakterien ganz fest ins Gesicht gepustet."

Mutti sah Wiebke an. Ein bißchen zornig fragte sie: „Warum hast du das denn gemacht?"

„Weil Holger mir dafür alle Gummitiere versprochen hat, die er doppelt hat. Auch den Löwen."

Bei jedem Wort wippte das Fieberthermometer in Wiebkes Mund wie zur Bestätigung auf und ab.

Mutti stöhnte.

„Blöde Petze!" zischte Holger sauer.

„Jetzt will ich keine Ausreden mehr hören. Steh auf, Holger!"

Holger schüttelte den Kopf. „Nein! Angesteckt ist angesteckt."

„Du bist aber noch nicht krank!"

„Ich werde es aber."

Das energische Pfeifen des Wasserkessels ertönte aus der Küche.

„Mutti, du hast mir doch einen Tee versprochen!" jammerte Wiebke.

Immerhin war sie richtig krank und nicht Holger. Sie fand, daß sie mehr Aufmerksamkeit verdient hatte als ihr Bruder. Der sollte jetzt endlich in die Schule abhauen.

Heute wollte Wiebke ihre Mutter ganz für sich. Sie sollte nicht ins Büro gehen, sondern sich um ihre kranke Tochter kümmern.

Mutti zog das Fieberthermometer aus Wiebkes Mund. „Achtunddreißig neun", sagte Mutti, und es klang tief beeindruckt. Sie schüttelte das Thermometer, damit das Quecksilber wieder sank.

„Mein Fieber muß auch gemessen werden!" forderte Holger.

Mutti schüttelte den Kopf. „Jetzt reicht es. Ich muß gleich ins Büro. Zieh dich an." Dann stürmte sie aus dem Kinderzimmer hin zum pfeifenden Wasserkessel.

Während sie Tee für Wiebke aufbrühte, rieb Holger das Fieberthermometer an der Decke heiß. Schon war das Quecksilber bei vierzig Komma vier.

Dann lief er, das Thermometer über dem Kopf schwenkend, in die Küche. „Mutti! Mutti! Sieh nur!"

Aber vom Schütteln war das Quecksilber wieder gesunken. Auf vierunddreißig zwei.

„Oh", sagte Mutti, „du hast Untertemperatur."

„Ich will auch krank sein!" trotzte Holger.

„Warum?" Mutti lächelte amüsiert.

„Weil du dich dann besonders um einen kümmerst. Weil man im Bett bleiben darf,

verwöhnt wird, manchmal liest du Geschichten vor..."

„Geht nicht. Ich muß ins Büro. Nun zieh dich an. Die Zeit läuft."

„Ich will aber nicht. Ich hatte das Fieberthermometer von Wiebke im Mund. Bestimmt kleben Wiebkes Grippebakterien daran. Jetzt werd' ich ganz bestimmt krank."

„Das sind keine Bakterien, sondern Viren."

„Na und, Hauptsache, sie machen so richtig schön krank."

Mit flinken Fingern schmierte Mutti Schnitten. Sie sah nachdenklich aus.

„Mutti! Du hast mir Tee versprochen!" klagte Wiebke laut.

Plötzlich ließ Mutti das Messer sinken. „Ja", murmelte sie, „vielleicht habt ihr recht. Vielleicht sollte ich heute tatsächlich meinen ‚kranken Tag' nehmen. Manchmal braucht man so etwas."

Erstaunt sah Holger seine Mutti an. Hatte sie das gerade wirklich gesagt?

„Ich ruf' jetzt im Büro an und melde mich krank. Und du gehst auch nicht zur Schule. Wir igeln uns heute zu Hause ein. Wir lesen uns gegenseitig Geschichten vor, trinken Tee und..."

„... und stecken uns gegenseitig an!" ergänzte Holger.

„Genau!" Mutti freute sich.

Wieder ertönte Wiebkes trockene Stimme: „Muuuuttiiii! Mein Tee!"

„Wir kommen!" riefen Holger und Mutti im Chor und zwinkerten sich zu.

Herr Niko und Herr Laus

Bestimmt habt ihr euch schon mal gefragt, wie der Nikolaus es schafft, an einem Abend so unzählig viele Kinder zu besuchen und zu beschenken.

Nun, es ist ganz einfach: In Wirklichkeit gibt es gar keinen Mann namens Nikolaus!

Ja, da staunt ihr, was?

Es ist kein Mann mit weißem Bart und rotem Gewand. O nein!

Es sind zwei.

Ja, zwei Männer, die fast gleich aussehen. Der eine heißt Herr Niko und der andere Herr Laus.

Sie sind Zwillinge. Gemeinsam haben sie schon viele Abenteuer erlebt. Sie durchquerten die sieben Weltmeere mit Schiffen voller Äpfel, Nüsse, Marzipan, Schokolade und selbstgestrickter Wollsocken. Unterwegs wurden sie zweimal von Piraten überfallen und ausgeraubt. Seitdem benutzen Herr Niko und Herr Laus den Seeweg nicht mehr.

Eine Weile versuchten sie dann, die Weltmeere mit riesigen Luftballons zu überfliegen. Aber dabei konnten sie nicht genügend Geschenke mitnehmen.

Herr Laus stürzte ab. Ins Wasser. Herr Niko rettete sich. Er warf alle Marzipanschweinchen und Überraschungseier ab. Den Fischen schmeckte das Zeug gar nicht.

Im Wilden Westen wurden sie von Indianern ausgeplündert und wären fast skalpiert worden.

Aber am schlimmsten ging es den Herren Niko und Laus im Westerwald. In einem kleinen Ort namens Bruchertseifen. Sie kamen mit ihren Rentieren Wirbelschwanz und Triefauge auf zwei großen Schlitten, beladen mit Geschenken. Sie blieben auf dem Weg von Altenkirchen nach Wissen im Schneegestöber stecken.

Sie sahen ein Wurzelhäuschen und dachten: Bestimmt wohnen dort nette Menschen.

„Laß uns hingehen!" schlug Herr Laus vor. „Vielleicht bekommen wir dort einen heißen Tee und können uns ein bißchen die Füße wärmen."

So war es auch.

Aber während sich unsere zwei Freunde ausruhten, geschah etwas Merkwürdiges: Ein paar Häuser weiter wurden Stefan und seine Schwester Kerstin von der Mama nach draußen geschickt. „Geht noch ein bißchen spielen, bis der Nikolaus kommt", sagte die Mutter. Hinter ihrem Rücken raschelte das Geschenkpapier.

Kerstin wollte nicht raus in die Kälte, doch Stefan zog sie mit.

Sie stampften nur ein paar Schritte durch den Schnee, dann bückte Stefan sich und formte einen Schneeball. Der Schnee klebte gut. Stefan warf den weißen Ball, so weit er konnte.

Er traf in der Dunkelheit das Rentier Wirbelschwanz. Wütend stellte es sich auf die

Hinterbeine und kippte dabei den Schlitten mit den Schokoladennikoläusen um. Sie fielen in den Schneematsch. Alle fünftausend Stück.

Wirbelschwanz und Triefauge trampelten nun darin herum. Knirschend zerplatzten die Schokonikos und Schokoläuse unter ihren Hufen.

„Du bist einfach zu blöd für diese Arbeit. Du hast alles verpatzt!" wieherte Triefauge empört.

„Was, ich? Du hast mir einen Eisklumpen zwischen die Hörner geworfen, du gemeines Vieh, du!"

„Hörner? Diese Stummel sollen Hörner sein? Dann sind deine Gehpocken da wohl auch Beine, was?"

„Jetzt reicht es!" schnaufte Wirbelschwanz, senkte den Kopf und ging auf Triefauge los.

Stefan und Kerstin standen staunend dabei und sahen zu. „Was ist denn da los?" fragte Kerstin.

„Ich glaube", flüsterte Stefan zurück, „das sind die Rentiere vom Nikolaus."

„Und was machen die da?"

„Die kämpfen miteinander."

„Warum?"

„Hm ... Wahrscheinlich um die Schokoladennikoläuse."

„Aber die sind doch für uns Kinder, und die beiden zertrampeln alles!"

Wirbelschwanz und Triefauge rammten die Köpfe so fest gegeneinander, daß nun auch der Schlitten hinter Triefauge umfiel. Er war voll beladen mit Paketen, Teddybären, Puppen und Büchern.

Sofort rannten Stefan und Kerstin los. Sie trommelten die anderen Kinder des Dorfes zusammen. Stefan warf bei Sascha, Nicole und Stella Schneebälle gegen die Fensterscheiben und rief: „Kommt schnell! Die Straße liegt voller Geschenke!" Kerstin klingelte bei Mona, Maxi und Anne.

Zunächst wollten die Bruchertseifener Kinder dem Nikolaus nur helfen und alle Geschenke aufsammeln – auch die heilgebliebenen Nikoläuse –, um sie auf den Schlitten zurückzupacken. Aber dann gingen die Rentiere so wütend aufeinander los, daß sie die Geschenkpakete doch lieber in ihre Kinderzimmer schleppten.

Die Eltern, ganz mit den Vorbereitungen für die Nikolausfeier beschäftigt, kriegten davon nichts mit.

Triefauge und Wirbelschwanz jagten

über die ferne Bundesstraße und zerrten die demolierten Schlitten hinter sich her.

Als die Herren Niko und Laus aus dem gastfreundlichen Wurzelhäuschen traten, standen sie inmitten von plattgewalzten Schokonikos und Schokoläusen. Alles andere war weg.

Sascha hatte sein Zimmer so vollgepackt, daß er kaum noch Platz zum Schlafen darin fand. Aber wer will schon schlafen, wenn man so viele Geschenke auszuwickeln hat?

Als Stefan und Kerstin von ihren Eltern gerufen wurden: „Guckt mal, was der Nikolaus für euch gebracht hat! Ein Marzipanschwein und Überraschungseier!", da ernteten die Eltern nur ein müdes Grinsen, denn davon hatten die Kinder längst genug.

Die kleine Maxi wurde von ihrem Papa dabei erwischt, als sie gerade einem Schokolaus den Kopf abriß.

„Wo hast du den denn her?" fragte Papa.

„Gefunden", sagte Maxi. „Er lag draußen im Schnee. Die Rentiere vom Nikolaus haben dort ein bißchen gekämpft. Dann sind sie abgehauen. Und wir Kinder haben all die Geschenke eingesammelt, die sie verloren haben."

Papa lächelte und strich Maxi übers Haar. „Jaja, Kind. Mit dir geht mal wieder die Phantasie durch."

„Du kannst die anderen fragen. Es stimmt!"

„Aber Kind, das kann nicht stimmen!"

„Warum nicht?" Maxi lachte. „Ihr wartet doch alle auf den Nikolaus. Jetzt freut euch. Er ist gekommen."

„Und wo ist er?" fragte Papa. „Steht er etwa draußen vor der Tür?"

Jetzt klingelten gleichzeitig das Telefon und die Glocke an der Haustür.

Stefans Vater fragte telefonisch, ob jemand eine Erklärung hätte, wie die vielen Pakete in das Zimmer seines Sohnes gekommen sein könnten.

Schwungvoll öffnete Maxis Vater die Haustür, als könne er damit seiner Tochter etwas beweisen.

Draußen standen Herr Niko und Herr Laus. Brav wünschten sie einen guten Abend.

Vor Schreck hätte Papa die Tür fast wieder zugeworfen.

Schnell erzählten Herr Niko und Herr Laus ihre Geschichte. Sie hatten alles verloren. Ihre Rentiere, ihre Schlitten und ihre Geschenke für die Kinder in Wissen.

Freundlich, wie die Bruchertseifener sind, halfen sie den Herren.

Ein paar Telefongespräche genügten, und aus den Häusern trugen die Kinder Geschenke herbei. Einige Pakete waren schon geöffnet, aber die meisten waren noch zu.

Die Kinder luden alles in die Autos ihrer Mamis und Papis. Dann fuhren sie los und halfen den Herren Niko und Laus bei ihrer Arbeit.

Leider war für Niko und Laus kein Platz mehr, und sie mußten zu Fuß bis Wissen laufen. Als sie dort ankamen, waren die Geschenke bereits verteilt. So konnten die beiden – trotz ihrer Blasen an den Füßen – eigentlich zufrieden sein.

Nur die Rentiere Wirbelschwanz und Triefauge kamen nie zurück. Sie haben sich aber längst wieder vertragen und grasen in den Wäldern um Bruchertseifen herum.

Jedes Jahr zu Nikolaus kommen sie heimlich ins Dorf und schauen den Herren Niko und Laus zu, wie sie ihre Geschenke austragen. Beim letztenmal kamen die beiden auf Rollschuhen.

„Sascha ist doof!"

Sascha hat ein Problem: Alle finden ihn doof. Er glaubt schon fast selbst daran. Vielleicht ist er ja wirklich doof?

Er kann nicht so laut flöten wie Tino. Bei ihm kommt nur Spucke aus dem Mund, aber kein Ton.

Er kann auch nicht so schön singen wie Olga. Das heißt, eigentlich weiß er gar nicht, ob er schön singen kann oder nicht. Er traut sich nämlich nicht, beim Singen den Mund aufzumachen. Weil er Angst hat, daß die anderen lachen, brummt er nur.

Sascha kann auch nicht so schnell rennen wie die anderen. Lahme Ente nennen sie ihn. Beim Fangen macht Sascha nie mit. Da steht er lieber in der Ecke.

Sascha hat auch nicht so eine süße Stupsnase wie Jenny. Er hat auch keine kessen Sommersprossen wie Nicki.

Sascha hat schuppigen Hautausschlag an den Händen, am Kinn und am Mund. Es sieht aus, als hätte er verbrannte Milch im Gesicht kleben.

„Na, Sascha, hast du heute wieder aus dem Trog gegessen? Was machen denn die kleinen Schweinchen?" Mit diesen Sätzen begrüßt Markus Sascha gerne. Markus ist der größte Junge im Kindergarten. Eigentlich schon ein Schulkind.

Wenn Frau Fuchs hinguckt, ist Markus sehr nett zu Sascha. Aber sobald sie sich rumdreht, kneift oder tritt Markus Sascha.

Wenn Sascha dann heult, tröstet Markus ihn sogar. Einmal hat Sascha Frau Fuchs erzählt, daß Markus ihn hinter ihrem Rükken kneift und tritt. Aber Frau Fuchs hat ihm nicht geglaubt. Und für die anderen war Sascha jetzt ein blöder Petzer.

Deshalb geht Sascha nicht mehr gerne in den Kindergarten. Aber er muß, denn morgens ist niemand zu Hause, der auf ihn aufpassen könnte.

Wenn Sascha wenigstens irgend etwas gut könnte ... Irgend etwas ...

Mutlos läßt er die Schultern hängen.

Ich kann nichts, denkt er. Ich sehe blöd aus. Ich kann nicht auf den Fingern flöten. Kann nicht singen. Nicht rennen. Nichts. Ich bin eben doof.

Wenn ich wenigstens einen Freund hätte. Wenigstens einen. Er könnte ruhig schielen oder stottern oder drei Arme haben oder ein Auge auf der Stirn. Er könnte rot sein, weiß, braun oder schwarz. Ja, sogar einen Freund in Blau würde Sascha nehmen.

Wenn es gar nicht anders geht, denkt er, dann meinetwegen auch ein Mädchen.

Sascha spielt eigentlich gerne mit Mädchen. Am liebsten in der Puppenecke. Die Puppenecke ist das Schönste im Kindergarten.

Die anderen Jungen lästern über Sascha, weil er mit den Mädchen spielt. „Du bist ein Verliebter!" sagen sie. Es klingt dann wie ein Schimpfwort.

Vielleicht, denkt Sascha, würden die

anderen auch gerne in der Puppenecke spielen. Aber sie tun so, als ob Puppen doof wären. Doof wie Sascha. Und das alles nur wegen diesem Markus ...

In der Puppenecke läßt Markus Sascha in Ruhe. Immerhin. Er betritt die Ecke nie. Das ist nämlich unter seiner Würde.

Aber die Mädchen in der Puppenecke spielen nicht gerne mit Sascha. Erstens, weil er ein Junge ist. Zweitens, weil er so komische Haut hat – und drittens, na, weil eben alle sagen: „Der Sascha ist doch doof."

Heute steht Sascha wieder so blöd herum. Er tritt von einem Fuß auf den anderen und schämt sich und weiß eigentlich nicht, warum.

Am liebsten möchte er zu Frau Fuchs schmusen gehen. Aber er hat Angst, daß die anderen dann wieder lachen.

Schon zweimal hat Markus ihn an diesem Morgen gekniffen. Sascha spürt so ein merkwürdiges Magendrücken. Bestimmt werde ich krank, denkt er.

Frau Fuchs sammelt jetzt alle Kinder am Tisch. Das zweite Frühstück beginnt. Frau Fuchs erzählt gerade eine Geschichte über Brot und Körner.

Da läßt Sascha einen ungeheuren Furz.

Der Tino stößt vor Schreck die Teetasse um.

Olga bricht in Gelächter aus.

Jenny grinst.

Nicki guckt Markus an.

„Ich war das nicht!" ruft Markus.

„Wer hat denn diesen lauten Pups gelassen?" fragt Frau Fuchs. Dabei lacht sie. „Das war bestimmt der lauteste Pups, den ich je gehört habe."

Sascha zögert. Soll er es sagen? Wird er dann ausgeschimpft? Er, der sowieso doof ist?

Aber Frau Fuchs hat gesagt: „Das war

bestimmt der lauteste Pups, den ich je gehört habe." Es klang fast wie ein Lob.

„Ich war es!" sagt Sascha tapfer.

„Das dachte ich mir", kichert Frau Fuchs.

„Ach, der Doofe!" ruft Markus.

Da knufft Olga ihn in die Seite. „Du bist doof. Laß den Sascha in Ruhe!"

„Ja, genau, hack nicht immer auf ihm rum!" schimpft Jenny.

„Der ist wohl doof!" keift Markus.

„Der Sascha, der ist der größte Riesenfurzer aller Zeiten!" schreit Olga.

„Jawohl", nickt Jenny. „Jedenfalls kann er besser furzen als du!"

Das stimmt.

Später spielt Sascha wieder in der Puppenecke. Olga und er legen gerade das große Baby trocken. Da flüstert Olga in Saschas Ohr: „Willst du mich heute nachmittag besuchen?"

Sascha kann es kaum glauben.

„Ich? Meinst du mich?"

„Ja, klar. Wen denn sonst?"

„A ... aber ich bin doch doof. Ich kann nicht singen und nicht flöten und ..."

„Aber du bist der größte Furzer aller Zeiten!" sagt Olga.

„Stimmt", sagt Jenny.

„Kannst du uns das beibringen? Wenn du mir zeigst, wie man so richtig furzen kann, dann zeige ich dir, wie man pfeift."

„Darf ich dabei noch mitmachen?" fragt Jenny.

Als Sascha an diesem Tag im Kindergartenbus nach Hause fährt, fühlt er sich leicht wie eine Feder. Es fehlt nicht viel, und er hebt vom Sitz ab und schwebt.

Er hat heute nicht nur eine Freundin gewonnen, nein, gleich zwei.

Er ist auch nicht doof. Er ist der größte Furzer aller Zeiten.

Philipp verliebt sich

Schaut euch das an. Seht ihr den da? Den Typ, der sich seit Stunden vor dem Spiegel die Locken fönt? Das ist mein Bruder. Er heißt Philipp, aber er nennt sich Phil, weil er das „cool" findet.

Bis vor kurzem war Philipp ganz in Ordnung. Er war wie alle anderen Jungen. Seine ganze Welt bestand aus Fußball. Er konnte alle Bundesligaergebnisse auswendig aufsagen. Und er lief immer in den letzten Klamotten herum. Mutti mußte seine schmutzigen Pullover und Hosen heimlich waschen. Er hatte eine zerrissene Hose und eine mit Löchern. Er kam abends immer mit blauen Flecken nach Hause.

Mädchen fand er doof. Und mich ganz besonders. Ich bin nämlich seine kleine Schwester.

Aber jetzt ist etwas passiert. Zunächst dachte ich, eine schwere Krankheit hätte ihn erwischt... Die indische Grippe, die Krätze oder etwas Ähnliches, denn plötzlich duscht er täglich. Ja! Jeden Morgen. Er wäscht sich die Haare und fönt sie sogar.

Sonst schimpfte Mama immer, weil sie Angst hatte, daß er langsam anfängt zu stinken. Jetzt mault sie, weil das Badezimmer morgens ständig besetzt ist. „Nun mach schon, Philipp! Andere Leute wollen auch mal unter die Dusche!"

Es ist aber keine böse Krankheit. Es ist etwas viel Schlimmeres. Philipp hat sich verliebt!

Ja, er ist total verknallt in die dünne Susie. Für sie putzt er nicht nur seine Zähne, o nein. Er wollte plötzlich auch ein neues buntes Hemd. Seine Lieblingshose, die mit den Löchern, wollte er nicht mehr tragen.

Mama war froh darüber. Sie ging mit ihm ins Kaufhaus. Er sollte neu eingekleidet werden. Früher kaufte sie einfach etwas für ihn. Ihm war es egal. Er wollte auch nicht zum Anprobieren mit. „Du kennst doch meine Größe", sagte er immer.

Ich war für ihn die „eingebildete Ziege", weil ich gerne Rosa trage und Lila. Mir ist nicht egal, was ich anziehe. Ich würde auch keine Hosen mit Ketchupflecken tragen oder meine Fettfinger am Pullover abwischen.

Da sind Mädchen ganz anders.

Philipp wird jetzt langsam so, wie ich schon immer war. Nur viel schlimmer.

Er tut alles nur für Susie.

Für sie fing er auch an zu rauchen. Das heißt: Er übt noch. Er kann es noch nicht.

Er wird es aber schaffen, denn er ist fleißig geworden. Er spielt mit den Tabakstäbchen schon ganz schön geschickt zwischen den Fingern. Und es wird ihm auch nicht mehr schlecht. Aber er will unbedingt lernen, die Zigarette ganz lässig zwischen den Lippen

baumeln zu lassen und dabei zu reden. Leider schafft er das nicht. Immer kriegt er Qualm in die Augen.

Ich habe ihn gefragt: „Sag mal, Philipp, schmeckt dir das?“

Er schüttelte den Kopf. „Nein. Überhaupt nicht.“

„Warum rauchst du dann?“

„Ach, das verstehst du noch nicht.“

„Ist es wegen Susie?“

„Hm.“

„Raucht die auch?“

„Hm.“

„Und deshalb machst du es auch?“

„Hm.“

„Und wenn sie sich nun morgens mit dem Hammer kämmen würde...“

„Wie bitte?“

„Na, ich meine... Würdest du dir dann auch morgens mit dem Hammer einen Scheitel ziehen?“

Erst war Philipp ein bißchen wütend.

Aber dann wurde er nachdenklich und winkte mich ganz nah heran. „Kannst du schweigen?“ flüsterte er mir ins Ohr.

„Klar.“

„Dann sag’ ich es dir: Ja, ich glaube, für Susie würde ich das tun.“

Ich war echt fertig. Ausgerechnet mein Bruder, der nie mit Mädchen spielen wollte!

Einmal ging er fein rausgeputzt ins Kino. Dort wollte er Susie, sein Engelchen, treffen.

Als er zurückkam, sah er sauer aus. Echt wütend. Sie sei eine blöde Ziege, sagte er. Er wolle sie nie wiedersehen.

Ja, so schnell ändert sich das.

„Ein Glück“, sagte ich, „daß du dir nicht mit dem Hammer den Scheitel gezogen hast.“

„Ja“, schimpfte er. „Ein Glück. Ich Idiot habe nur angefangen zu rauchen. Du kannst meine restlichen Zigaretten haben, wenn du willst.“

„Aber was soll ich damit?“

Jetzt sah ich, daß er heulte, der arme Junge. Erst hatte sie ihm den Kopf verdreht und dann das Herz gebrochen. Und das ist bestimmt schlimmer als ein Sturz vom Fahrrad.

Ich versuchte, ihn zu trösten, den Kopf wieder richtigzudrehen und sein Herz wieder zu kitten.

„Ach“, schluchzte er, „wenn ich dich nicht hätte! Meine liebe kleine Schwester…“

Aber dann rief diese Susie an. Ich war am Telefon. Ich sagte, daß mein Bruder sie bestimmt nicht sprechen will. Und daß sie eine blöde Ziege ist und daß er sie nie wiedersehen will.

Er fegte mit irrem Blick heran, als würde sein Hemd brennen.

Er riß mir den Hörer aus der Hand und säuselte: „Das darfst du nicht ernst nehmen. Das war nur meine blöde kleine Schwester. Die spinnt… Klar komme ich. Ja. Sofort. Warte. Ich bin in fünf Minuten bei dir.“

Plötzlich lachte er wieder und rannte pfeifend aus dem Haus. Seine Zigaretten vergaß er.

Vielleicht, dachte ich, ist er ja doch krank. Ein bißchen zumindest.

„Irgendwann“, sagte Mutti, „wird es dir genauso gehen.“

Glaub’ ich nicht!

Peter denkt sich etwas Neues aus

Peter hatte ständig Blödsinn im Kopf. Und zwar jede Menge Blödsinn!

Heute morgen zum Beispiel drehte er den Schraubverschluß vom Salzstreuer lokker. Als Papi eine Prise Salz auf sein weiches Ei streuen wollte, fiel der Deckel ab, und Papis Ei wurde von einem dicken Salzhut gekrönt.

Mami lachte darüber. Aber das endete sofort, als Mami sich Zucker in die Kaffeetasse löffelte, und plötzlich schmeckte der Kaffee nach Salz.

Sie verzog den Mund. „Iiihhh!"

Peter freute sich.

Er hatte Zucker und Salz vertauscht. Mama und Papa kannten das schon. Er machte diesen Scherz jede Woche mindestens einmal.

„Du könntest dir auch mal etwas Neues ausdenken!" maulte Papa. Es tat ihm sofort leid, denn an Peters Gesicht bemerkte er: Sein Sohn hat sich schon etwas Neues ausgedacht.

Vorsichtig, als ob unter dem Teppich Tellerminen liegen könnten, ging Papa zur Garderobe.

Er sah sich um. Wartete auf den nächsten Streich.

Er erreichte die Garderobe, ohne daß ein Eimer Wasser über ihm ausgeschüttet wurde. Auch die Türklinke war nicht mit Senf eingeschmiert.

Papa schlüpfte vorsichtig in die Schuhe. Nein, sie waren nicht angenagelt.

Aber dann, als Papa seine braune Jacke anziehen wollte, da blieb die rechte Hand im Ärmel stecken.

Peter hatte beide Ärmel zugenäht. Einen Knopf annähen konnte Peter noch nicht. Aber er übte fleißig. Besonders an Papis Ärmeln und Hosenbeinen.

Papi stöhnte auf. Der Ärmel riß ein. Es war der dritte in dieser Woche.

Dann suchte Papi seinen Autoschlüssel. „Na sag schon!" rief er. „Wo hast du ihn versteckt?"

Peter zuckte mit den Schultern.

„Peeeter! Gib ihn her! Du weißt, ich muß heute pünktlich sein. Ich habe meinen Jahresabschlußbericht. Vier Wochen habe ich daran gearbeitet. Ganze vier Wochen! Heute muß ich den Bericht vorlesen. Also Peter, sei so nett! Wo ist der Autoschlüssel? In der Waschmaschine? Im Brotschrank? In der Teekanne?"

„Nein. Im Kühlschrank", gab Peter zu.

Papa stürmte in die Küche. Er riß die Kühlschranktür auf.

Mama wühlte im Schrank nach einer anderen Jacke für ihn. Sie wußte, wie wichtig der Tag für ihn war. Er hatte wirklich in den letzten Tagen nur über diesem komischen Bericht gebrütet. Zahlen und Kurven waren für ihn eine Zeitlang viel wichtiger als seine Familie.

„Wo im Kühlschrank?" rief Papa gereizt.

„Im Eisfach!“ erklärte Peter.

„Haha. Guter Witz. Selten so gelacht. Du könntest dir auch mal etwas Besseres ausdenken!“

Vater öffnete das Eisfach und wühlte darin herum. „Hier ist er nicht.“

„Doch. Und der Reserveschlüssel auch.“

„Wo denn? Etwa im Vanilleeis?“

„Nein.“

„Im Spinat?“

„Nein.“

„In der Erbsensuppe?“

„Nein. In den Eiswürfeln.“

„Tatsächlich!“ staunte Papa.

Er brach die Eiswürfel aus den Plastikfächern. Die Autoschlüssel ragten heraus.

„Aber“, schimpfte Papa, „wie kriege ich die Autoschlüssel jetzt da raus?“

Er hämmerte auf den Eiswürfeln herum, Eissplitter spritzten durch die Küche.

„So nicht!“ sagte Mama.

Wortlos setzte sie einen Wassertopf auf den Herd und schaltete ein. Als das Wasser zu blubbern begann, warf sie die eingeeisten Autoschlüssel hinein.

Sie tauten sofort und sanken auf den Grund. Eigentlich war alles gut. Aber Papa war so nervös wegen seinem komischen Bericht und konnte es nicht abwarten. Statt einen Löffel zu benutzen, versuchte er so in den Topf zu fassen.

Natürlich verbrannte er sich die vorwitzigen Finger.

Jetzt hielt Papa die Finger unter den Kaltwasserstrahl.

Dann pustete Mama. Sie tröstete ihn gern. Sie kann das gut. Sie war früher einmal Krankenschwester.

Dann fischte sie den Schlüssel für ihn mit einer Gabel aus dem Topf.

Er nahm ihn von der Spitze. Wieder falsch! Der Schlüssel war noch heiß.

Jetzt spurtete Papa nach draußen. Hinein ins Auto. „Ich bin schon viel zu spät!“ raunzte er.

„Willst du nicht noch wenigstens einen Schluck Kaffee?“ fragte Mama.

„Mit Salz? Nein danke!“

Er saß schon im Auto, da rannte Peter herbei und winkte mit einem Ordner.

„Hier Papi! Dein Bericht!“

„Herrje! Jetzt hätte ich doch fast das Wichtigste vergessen!“ Papa schnappte den Ordner und brauste davon.

„Mama“, fragte Peter, „was ist eigentlich ein Jahresabschlußbericht?“

„Keine Ahnung. Ich weiß nur, daß es sehr wichtig für Papi ist. Es macht ihn jedesmal ganz fertig, wenn er den Bericht vorlegen muß.“

„Liest er den ab?“

„Ja.“

„Auswendig kann er ihn nicht?“

„Nein. Die vielen Zahlen könnte kein Mensch behalten.“

„Schade.“

Mama stutzte. „Wieso schade? – Peter... Was hast du mit dem Bericht gemacht?“

Als Antwort begann Peter zu rennen.

Mama verfolgte ihn nicht. Aber sie ahnte Schlimmes.

Dann rief Papas bester Freund, der Steuerberater, an. „Ist er schon in der Firma?“

„Ja, warum?“

„Oje.“

„Was ist denn?“

„Der Bericht. Die Zahlen sind falsch. Es war meine Schuld. Wenn er diesen Bericht vorträgt, wird er wie ein Idiot dastehen. Alles ist falsch, und ich bin schuld. Er hat mit Zahlen aus dem letzten Jahr gerechnet. Ein Fehler im Computer. Ich habe es gerade erst bemerkt.“

„Auweia!“

Peter verkroch sich vorsichtshalber hinter der Couch, aber diesen Streich hatte er Papi nicht gespielt. Diesmal war es der Computer. Obwohl, Peter hatte sich für seinen Vater etwas ganz Neues ausgedacht.

„Mutti?“ fragte Peter vorsichtig aus seinem Versteck. „Was passiert denn, wenn Papi diese blöden Zahlen vorliest?“

„Ich denke“, sagte Mutti, „dann ist er ganz schön blamiert, weil er nicht gemerkt hat, daß er mit den Zahlen vom letzten Jahr gerechnet hat.“

„Das kann nicht passieren, Mutti.“

„Warum nicht?“

„Na, du hast doch gesagt, daß er den Bericht nicht auswendig kann.“

„Bestimmt nicht.“

„Dann ist es ja gut.“

„Warum? Was hast du gemacht, Peter?“

Peter grinste. „Ich habe alle Seiten zusammengeklebt.“

„Du hast was?“ fragte Mutti noch ganz entsetzt. Aber dann fing sie an zu lachen. Sie gab Peter einen Kuß.

Als Papi abends nach Hause kam, war er keineswegs sauer auf Peter. Er brachte sogar eine Tafel Schokolade mit.

„Du hast wirklich nur Blödsinn im Kopf!“ sagte Papi. „Aber diesmal hat mich dein Streich gerettet. Ich habe einfach gesagt: Meine Herren, tut mir leid, mein Sohn hat alle Seiten zusammengeklebt. Ich kann meinen Bericht heute nicht vortragen.“

„Und was hat dein Chef gesagt?“

Papis Gesicht war fröhlich wie lange nicht mehr. „Er hat gelacht. Er sagte: Seien Sie nicht so streng mit dem Kleinen. Ich habe vor fast dreißig Jahren mit meinem Vater den gleichen Scherz gemacht.“

„D . . . dann ist dein Chef gar nicht so doof, wie ich immer dachte!“ lachte Peter. Und damit hatte er recht.

Das Baumhaus

Wir sind vier. Eine richtige Bande. Christa, Manuela, Moritz und ich. Ich heiße Paul. Paul August Schäfer. Aber alle nennen mich Päule.

Unsere Bande heißt die Nervensägen.

Eigentlich hat meine Oma das Wort erfunden. Denn sie sagte einmal: „Ihr seid die letzten Nervensägen."

Oma wohnt bei uns. Das Tolle an Oma ist: Oma ist schwerhörig. Da kann man Krach machen, soviel man will. Hauptsache, man räumt ständig alles auf. Sehen kann sie nämlich noch gut. Ganz im Gegensatz zu meinem Vater. Wenn der seine Brille nicht findet, ist er blind wie ein Maulwurf. Dafür ist sein Gehör überempfindlich. Der hört sogar die Flöhe husten. Und wenn ich mit meiner Nervensägenbande in meinem Zimmer sitze, dann dürfen wir höchstens Stille Post spielen. Schon wenn nur einer mit den Fingern schnippt, stöhnt Papa nebenan, als hätte man ihm einen Tritt verpaßt.

Bei Christa zu spielen ist auch unmöglich. Ihre Eltern sind zwar die allertollsten Supereltern, die man sich vorstellen kann, aber die Leute unter ihnen, Schnüss heißen die, die drehen immer gleich durch. Es reicht schon, wenn man mal feste auftritt oder vom Hochbett auf den Boden springt. Sie klopfen sofort mit Besen und Schrubbern gegen die Decke. Sie rufen beim Vermieter an und heulen ihm was vor, weil ihnen angeblich fast der Kronleuchter auf den Kopf gefallen sei.

Denen ist bestimmt einmal was auf den Kopf gefallen. Aber das muß schon lange hersein. Die sind so komisch, seit ich sie kenne.

Manuela darf keine Freunde mit nach Hause bringen. Sie weiß selbst nicht, warum. Ihre Eltern sind in dieser Frage unheimlich pingelig.

Moritz teilt sich das Zimmer mit seinem großen Bruder. Einen blöderen großen Bruder gibt es bestimmt auf dieser Welt nicht. Der Doofmann nörgelt nur an uns herum, nimmt einem alles aus der Hand und mault ständig: „Laß das! Leg das hin! Faß das nicht an! Geh da weg!"

Eines Tages reichte es uns. Wir beschlossen, uns ein eigenes Zimmer zu bauen. Eine Bude in den Büschen drüben auf dem Spielplatz.

Aber kaum war das Ding fertig, zogen die Großen dort ein. Sie hockten in unserer Bude, rauchten und tranken Bier, und wieder war für uns kein Platz mehr.

So kamen wir auf die Idee mit dem Baumhaus.

Mit Brettern, Nägeln und Seilen bauten wir in der alten Eiche am Müllplatz ein richtiges Baumhaus.

Es ist größer. Größer als mein Zimmer. Wenn man es erreichen will, muß man eine Leiter hochsteigen. Sobald wir oben sind, ziehen wir die Leiter auch hoch. Dann kann uns niemand stören.

Unser Baumhaus ist echt super. Da sagt kein Mensch: „Räum endlich dein Zimmer auf!“ Trotzdem liegt dort oben nie etwas rum. Kein Mitglied unserer Bande hat jemals sein Zimmer so schön aufgeräumt wie unser Baumhaus.

Fest auf den Boden springen können wir hier allerdings auch nicht. Unter uns wohnt zwar keine Familie Schnüss, aber unser Haus steht ein bißchen wackelig in den Astgabeln.

Manuela darf eigentlich gar nicht mit rauf. Ihre Eltern haben es ihr streng verboten. Es sei zu gefährlich, meinen sie. Bestimmt ist es genauso gefährlich, wie Freunde zu sich nach Hause einzuladen. Manuela kümmert sich nicht drum. Zum Glück können ihre Eltern ja nicht überall sein.

Moritz’ großer Bruder ahnt nichts von unserem Baumhaus. Der nörgelt jetzt zu Hause den Spiegel an oder die Wand. Uns jedenfalls nicht mehr.

Wir haben übrigens auch einige Mitbewohner.

Auf unserem Dach sitzt manchmal stundenlang eine dicke Krähe. Sie ist blauschwarz. Genau wie die Raben im Fernsehen, die auf der Schulter der Hexe sitzen und ihr Geheimnisse ins Ohr flüstern. Deshalb sagt Melanie manchmal „unser Hexenhaus“ statt „unser Baumhaus“.

Außerdem wohnen bei uns noch Holzwürmer. Die machen uns Sorgen, weil sie so langsam, nach und nach, unser Baumhaus aufessen.

Vor zwei Tagen, da haben meine Eltern erfahren, daß ihr Päule ein Baumhaus besitzt. Vorher hatte ich es ihnen nicht verraten.

Aber dann kam alles raus. Es lag an Moritz. Der hat nämlich manchmal besonders blöde Einfälle. Er will dann einen Scherz machen. Aber meist kommt nichts als Ärger dabei heraus.

Vor zwei Tagen zum Beispiel. Wir saßen allein im Baumhaus und spielten Dame. Melanie und Christa hatten Flötenstunde. Ich gewann. Dreimal hintereinander. Schon nach dem erstenmal war Moritz ziemlich sauer. Bei meinem zweiten Sieg hingen seine Mundwinkel runter wie der Schwanz einer schlafenden Kuh.

Als ich zum drittenmal gewann, flippte er aus. Erst brummte er: „Du hast geschummelt!"

Schummeln beim Damespiel! Wie soll das denn gehen?

Dann hatte er plötzlich keine Lust mehr auf eine neue Partie. Er ließ die Leiter runter und kletterte mit Schmollmund nach unten. Als ich dann die Leiter wieder hochziehen wollte, sah ich sie im Gras liegen.

Moritz stand da und brüllte: „Das hast du jetzt davon!"

Er rannte nach Hause.

Ohne Leiter konnte ich vom Baum nicht runter. Zunächst machte ich mir nicht viel daraus. Ich spielte mit mir selbst Dame und gewann noch einmal. Ich dachte: Wenn Christa und Melanie vom Flötenunterricht kommen, dann werden sie mich befreien.

Aber es fing an zu regnen, und die beiden kamen nicht ins Baumhaus. Dafür regnete es bei mir rein. Nein, das lag nicht an den Holzwürmern. Es tropfte einfach durch die Ritzen zwischen den Brettern durch.

Ich wurde klitschnaß. Zwei Plastiktüten versuchte ich als Zelt über mir aufzuspannen. Eine Weile ging das gut. Dann tröpfelte es auch da durch.

Es wurde dunkel. Ich fing an zu frieren. Leider hatte unser Baumhaus kein Telefon, sonst hätte ich meine Eltern angerufen.

Zum Glück hatte ich eine Taschenlampe, aber die Batterie war schon ziemlich schwach. Ich fürchtete mich vor dem Moment, wenn sie ausgehen würde.

Ich wünschte mich zu meiner Omi. Sogar Papis Meckern fehlte mir jetzt, ganz zu schweigen von einer Portion Fischstäbchen mit Bratkartoffeln.

Ja, ich hätte um Hilfe rufen können. Aber auf der Müllkippe schlafen nachts nicht viele Leute. Wer sollte mich hören?

Da wanderten Lichtkegel durch die Nacht. Sie kamen näher. Taschenlampen suchten wie Scheinwerfer die Baumkronen ab. Irgendwer ahnte, daß in einem dieser Bäume ein Versteck war.

Ich wagte kaum zu atmen.

Jetzt leuchtete das Licht durch die Ritzen in mein Baumhaus. Man hatte mein Versteck gefunden.

Kurz bevor ich anfing zu heulen, hörte ich eine Stimme. Sie kam mir bekannt vor.

„Tatsächlich! Moritz hatte recht. Paul August? Bist du da oben?“

Nur ein Mensch auf der Welt nennt mich Paul August. Mein Vater!

„Papi?“ rief ich. „Papi! Die Leiter liegt im Gras!“

Er fand sie und kletterte zu mir hoch. Er setzte sich zu mir. Komisch, er meckerte gar nicht. Seine Augen hatten einen merkwürdigen Glanz. Er war so naß wie ich.

„Bist du sauer?“ fragte ich.

Er schüttelte den Kopf. „Ach was. Wir haben uns nur Sorgen um dich gemacht. Ich habe dann, als es dunkel wurde, den Moritz angerufen. Der hat mir gesagt, wo du vermutlich bist.“

„He! Kommt endlich runter!“ rief Mutti von unten. Auch Omi war dabei und holte sich eine Erkältung.

Ich rechnete mit einer Strafpredigt oder wenigstens mit vorwurfsvollen Worten, weil ich nichts von dem Baumhaus verraten hatte. Aber Papa sagte nur: „Weißt du, als ich so alt war wie du jetzt, da hatte ich auch ein Baumhaus.“

„Und – wußten deine Eltern davon?“ fragte ich.

Er schüttelte den Kopf. „Nein. Sie haben bis heute keine Ahnung. Kinder brauchen auch Geheimnisse.“

„Wo bleibt ihr denn?“ rief Mutti.

Wir umarmten uns einmal ganz fest, bevor wir runterkletterten.

Oma schüttelte den Kopf. Mama erzählte etwas von Sorgen machen und Gefahr. Papa stimmte ihr die ganze Zeit zu. Aber ich wurde das Gefühl nicht los, daß er stolz auf mich war. Irgendwie.

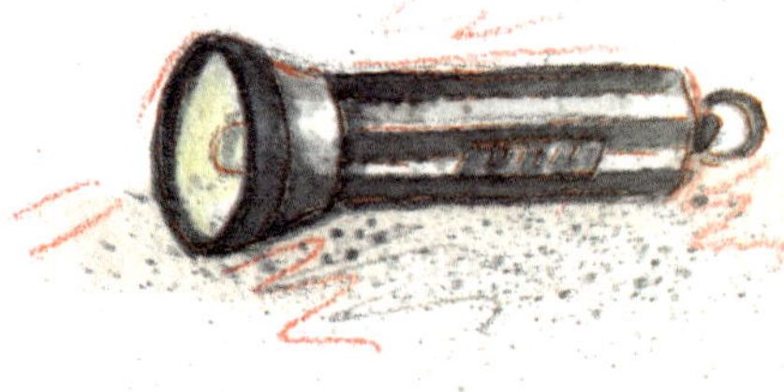

Hans, der Klettermax

Obwohl Hans Hans hieß, wurde er Klettermax genannt. Denn Hans liebte Bäume. Ganz besonders den großen Kastanienbaum am Rand des Parks.

Wenn Hans traurig war oder einfach mal nur in Ruhe in der Nase bohren wollte, kletterte er auf seinen Lieblingsbaum. Dort hockte er dann ungestört in einer mächtigen Astgabel. Das dichte Blattwerk versteckte ihn. Er selbst konnte von dort oben aber alles sehen und hören.

Mühelos blickte er in das Wohnzimmer von Frau Kipp. In die Küche der Streisands. In Peters Kinderzimmer. Auf Schmidts Sonnenterrasse. Hans Klettermax sah alles, was auf dem Spielplatz geschah und in zwei Vogelnestern.

Andere Leute gehen ins Kino, gucken Fernsehen oder lesen Bücher. Hans saß auf seinem Kastanienbaum. Dies war für ihn der beste Ort auf der Welt.

Von hier aus hatten seine Gedanken freie Bahn. Sie erreichten jeden Ort im Weltraum. Ganz egal, ob die Planeten schon von Menschen entdeckt worden waren oder nicht. Hans flog hin. Hans kämpfte mit den aufständischen Krustenkäfern gegen die grausame Herrschaft der Rieseninsekten. Er beriet den Quallenkönig vom Planeten Bluß in allen wichtigen Fragen.

Bewegungslos in seinem Kastanienbaum sitzend, verteidigte er die Kranken und Schwachen. Er war der furchtlose Retter in letzter Minute und der tapfere Kämpfer für Freiheit und Gerechtigkeit.

Die Äste des Baumes trugen ihn geduldig. Wie die Hand eines Riesen war der Lieblingsplatz von Hans geformt. Die Zweige waren die Finger des Riesen.

Manchmal dachte Hans, daß der Kastanienbaum mit ihm sprechen würde. Besonders wenn der Wind die Blätter durchkämmte und Hans sich fest an seinen Freund, den Baum, klammern mußte, um nicht weggeweht zu werden.

Hans sah einer Katze zu. Er kannte sie gut. Sie hörte auf den Namen Miez-Miez. Sie war wie so oft auf Mäusejagd. Ins Gras geduckt, kauerte sie vor einem Mauseloch. Hans sah ihrem Körper an, daß sie bald springen würde. Bestimmt erspähte sie schon ein Mäuseschwänzchen.

Da sauste mit gesträubtem Fell der dicke Straßenköter Killer heran. Killer haßte Katzen, und am meisten haßte er Miez-Miez. Denn Miez-Miez hatte ihm schon zweimal die Nase zerkratzt.

Miez-Miez wartete so gespannt auf ihren Leckerbissen, daß sie Killer überhaupt nicht bemerkte.

Gleich hat er sie, dachte Hans. Killer fletschte schon die Zähne.

Hans holte tief Luft, und dann brüllte er: „Miez-Miez! Vorsicht! Der Killer!"

Im gleichen Augenblick erkannte Miez-Miez die Gefahr und machte einen Sprung. Killer schnappte ins Leere. Er biß nicht der Miez-Miez in den Schwanz, sondern nur sich selbst in die lange Zunge.

„Wauuuhhh!" quietschte Killer.

Dann nahm er zornig die Verfolgung auf. Killer hatte längere Beine und war viel schneller als Miez-Miez. Miez-Miez schlug einen Haken. Aber Killer kam immer näher.

„Komm hierher!" rief Hans. „Komm auf

den Baum! Hier bist du sicher! Los! Miez-Miez! Du schaffst es!“

Und Miez-Miez rannte.

Mit knapp einer Schwanzlänge Vorsprung erreichte sie den Stamm des Kastanienbaums. Sie sprang an ihm hoch und grub ihre Krallen tief in seine Rinde. So kletterte sie geschwind höher.

Schon kam Miez-Miez bei Hans an. Er nahm sie auf den Arm.

Unten kläffte Killer wütend. Er versuchte, auch auf den Baum zu klettern, aber dafür waren sein Bauch zu dick und seine Krallen zu stumpf.

Miez-Miez kuschelte sich an Hans. Sie zitterte noch vor Aufregung. Ihr Fell wirkte wie aufgepustet.

Killer wartete unten vor dem Baum, bis es dunkel wurde. Aber Miez-Miez kam nicht herunter. Sie träumte auf Hans' Arm davon, riesig groß zu sein und alle Hunde des Viertels aus der Stadt zu jagen. Ihr Fauchen reichte aus, und vor Schreck bekamen alle Straßenhunde Durchfall.

Killer winselte um Gnade und bat um Vergebung.

Bei dem Gedanken grinste Miez-Miez glücklich.

Nur die Vögel, die von der Futtersuche heimkehrten, trauten sich nicht auf ihre Zweige zurück.

Aber Hans, der die Vögel gut kannte und dem sie vertrauten, Hans lockte sie mit sanftem Flöten herbei.

„Kommt nur. Miez-Miez wird euch nichts tun. Nicht wahr, Miez-Miez?“

Miez-Miez schnurrte. Sie wußte, daß sie nur zu Gast auf diesem Baum war, und benahm sich gut.

Ein Spatz landete auf Hans' Kopf und zwitscherte seine Freunde herbei.

Unten neben dem bellenden Killer baute sich eine kleine Maus auf und drohte nach oben. Sie streckte die Zunge heraus und zeigte Miez-Miez doof.

Als der Lärm und die Streitereien dem alten Baum zuviel wurden, ließ er drei Kastanien nach unten fallen. Eine auf den Schwanz der vorwitzigen Maus, eine auf den Kopf von Killer und eine in die Pfütze, weil es so schön platschte.

Da verzog die Maus sich in ihr Loch, und Killer hob am Baumstamm frech sein Bein, bevor er sich trollte.

Dem Baum war es egal, aber Hans rümpfte die Nase. Zum Glück saß er ziemlich weit oben, und der Geruch drang nicht ganz bis zu ihm rauf.

Langsam wurde es dunkel. Im Wohnzimmer knipste Frau Kipp den Kronleuchter an. In der Küche der Streisands landeten drei Koteletts in der Pfanne. Peter räumte sein Kinderzimmer auf, und Herr Schmidt holte die Liegestühle von der Sonnenterrasse.

Die Kinder verließen den Spielplatz und gingen müde und hungrig nach Hause.

Auch für Hans wurde es Zeit. Er sagte seinem Freund, dem Baum, gute Nacht und kletterte vorsichtig auf die Erde zurück.

Miez-Miez schnurrte. Sie wußte, daß sie jederzeit wieder im Kastanienbaum Zuflucht finden konnte.

Die Spatzen zankten sich um die besten Plätze für die Nacht.

Mit einem Bärenhunger lief Hans in seine Straße zurück. Er freute sich schon auf sein warmes Bett.

Als er zu Hause ankam, stand bereits ein dampfender Suppentopf auf dem Tisch. „Hm“, sagte Hans, „das riecht aber gut. Sind auch Würstchen in der Suppe?“

„Ja“, sagte Mutter. „Deine Lieblingswürstchen. Aber erzähl mal. Wo hast du denn wieder den ganzen Tag gesteckt?“

„Im Baum."

„Im Baum. Immer im Baum. Was soll aus dir mal werden? Ein Äffchen?"

Warum nicht, dachte Hans. Aber das sagte er nicht.

„Ich stelle mir das furchtbar langweilig vor. Was machst du denn da bloß den ganzen Tag?"

Hans grinste. „Langweilig ist es jedenfalls

nicht. Ich habe den Quallenkönig beraten, die aufständischen Krustenkäfer gegen die Rieseninsekten geführt und Miez-Miez vor Killer bewahrt."

„Ach so", sagte Mutter. „Ja, damit kann man schon mal einen ganzen Nachmittag zubringen."

Hans nickte. „Und dann habe ich noch Freundschaft zwischen Miez-Miez und den Spatzen gestiftet. Ich hatte viel zu tun. Der Tag reichte kaum aus."

Mutter lud Suppe mit viel Wurst auf Hans' Teller. „Dann iß mal schön, mein Held. Du siehst hungrig aus und müde."

„Das bin ich auch", sagte Hans und biß in ein Würstchen.

Der Autor

Klaus-Peter Wolf wurde 1954 in Gelsenkirchen geboren. Er arbeitete nach dem Abitur bei einer Lokalzeitung, organisierte ein Jugendheim und vagabundierte als zaubernder Clown kreuz und quer durch Europa. Dabei schrieb er Geschichten über sich und seine Freunde, die immer mehr Leser fanden. Heute lebt er mit seiner Frau und zwei Kindern im Westerwald.
Er erhielt zahlreiche Preise für seine Bücher: unter anderem Förderpreise für Literatur des Landes Nordrhein-Westfalen, der Stadt Gelsenkirchen und der Stadt Würzburg sowie den Anne-Frank-Anerkennungspreis.

Die Illustratorin

Petra Probst wurde 1958 in München geboren. Nach einem Fremdsprachenstudium besuchte sie das Lehrinstitut für grafische Gestaltung in München und studierte an der Kunstakademie in Turin. Vor über zehn Jahren illustrierte sie erstmals ein Kinderbuch; viele Veröffentlichungen bei zahlreichen Verlagen im In- und Ausland folgten.
Petra Probst ist verheiratet, hat einen dreijährigen Sohn und lebt heute in Turin.

Phantastisch und spannend

96 Seiten, durchgehend farbig illustriert, – ab 8 Jahre

Die Dinosaurier und ihre versunkene, geheimnisvolle Welt stehen im Mittelpunkt dieser bunten Sammlung unterschiedlichster Erzählungen. Karin Jäckel hat sich von den Rätseln um die faszinierenden Urzeittiere inspirieren lassen und Geschichten erfunden, die sie sowohl im Reich der Märchen und Mythen als auch auf dem Boden wissenschaftlich erforschter Tatsachen ansiedelt.
So erzählt sie beispielsweise von Jim und Tim, die ihre Ferien bei den Großeltern am Meer verbringen. Als die beiden zusammen mit Opa Seebär die Leuchtturmwache übernehmen dürfen, machen sie im Schein der Leuchtturmlampe eine aufregende Entdeckung: Draußen auf dem Meer schwimmt etwas, das aussieht wie ein „riesendicker Medizinball".
Für Tim ist die Sache klar: Was da draußen treibt, kann nur ein Dinosaurierei sein! Es beginnt eine spannende Rettungsaktion...

Unterhaltsam und informativ

96 Seiten, durchgehend farbig illustriert – ab 8 Jahre

Unsere Umwelt ist bedroht: An dieser alarmierenden Tatsache kommt heute niemand mehr vorbei. Umweltschutz ist deshalb keineswegs nur eine Angelegenheit der Erwachsenen. Auch die Kinder sind aufgerufen, Natur und Tiere vor rücksichtsloser Ausbeutung zu schützen. Umweltschutz ist auch nicht nur Sache des Staates oder der großen Konzerne: Umweltschutz beginnt immer bei uns selbst, in unserer nächsten Umgebung – im eigenen Kopf, sozusagen.
Edgar Wüpper erzählt Geschichten von Kindern, die das begriffen haben und danach handeln: Die Zwillinge Lena und Lisa legen einen „Kindergarten“ an, Michaela und Markus wollen ihren Vater vom Glimmstengel entwöhnen, die Kinder von Neuhausen melden sich im „Kinderparlament“ zu Wort – und Julia schenkt ihrer Mutter diesmal keine Blumen zum Geburtstag ...